外部融资与家庭住房选择研究

A STUDY ON THE EXTERNAL FINANCING AND HOUSING CHOICE

刘婷婷 著

西南财经大学出版社

图书在版编目(CIP)数据

外部融资与家庭住房选择研究/刘婷婷著. —成都:西南财经大学
出版社,2015. 12
ISBN 978 - 7 - 5504 - 2249 - 0

Ⅰ.①外…　Ⅱ.①刘…　Ⅲ.①住房信贷—研究—中国
Ⅳ.①F832. 479

中国版本图书馆 CIP 数据核字(2015)第 296922 号

外部融资与家庭住房选择研究
WAIBU RONGZI YU JIATING ZHUFANG XUANZE YANJIU

刘婷婷　著

责任编辑:王　利
助理编辑:魏玉兰
封面设计:杨红鹰
责任印制:封俊川

出版发行	西南财经大学出版社(四川省成都市光华村街 55 号)
网　　址	http://www. bookcj. com
电子邮件	bookcj@ foxmail. com
邮政编码	610074
电　　话	028 - 87353785　87352368
照　　排	四川胜翔数码印务设计有限公司
印　　刷	郫县犀浦印刷厂
成品尺寸	148mm × 210mm
印　　张	5. 625
字　　数	135 千字
版　　次	2015 年 12 月第 1 版
印　　次	2015 年 12 月第 1 次印刷
书　　号	ISBN 978 - 7 - 5504 - 2249 - 0
定　　价	38. 00 元

摘要

  1998 年起我国开始全面实施城镇住房市场化改革，特别是 1999 年"取消城镇家庭福利分房"政策出台后，"购房"便成为城镇家庭消费的重要方面。"居者有其屋"是中国传统的住房概念，一般指的是居民的住房消费需求。然而，随着家庭金融知识不断充实，家庭财富不断上涨，住房的投资属性日渐凸显。城镇住房实现市场化，城镇居民取得房屋产权后，可以通过出租或者出售等方式获得租金收入或者购销差价收益。

  近些年住房价格飙升，为家庭购房造成沉重负担。银行信贷日渐成为家庭购买住房过程中借助的外部融资途径之一。为了支持家庭购买自有住房，银行向个人提供信贷支持，即个人住房贷款。由于不同家庭的信贷需求存在差异，个人住房贷款的类型呈现多样化，例如公积金贷款、商业性个人住房贷款和组合贷款等。然而，家庭向银行申请住房贷款时，存在一定的门槛。银行倾向于为经济收入稳定、信用状况良好且有明显偿还贷款本息的家庭提供贷款，同时，银行提供贷款时要求借款人提供贷款担保。在此情况下，部分城镇家庭虽有信贷需求，但是并没有得到银行贷款支持，即面临流动性约束情况。

家庭购买住房时的另一个重要的外部融资途径是民间借贷。作为非正规金融的表现形式之一，民间借贷具有手续简单、门槛较低、风险较大等特点。在城镇家庭购买住房过程中，民间借贷发挥着重要的作用。

城镇家庭的银行信贷和民间借贷等外部融资途径以及银行信贷过程中面临的流动约束情况会对家庭的住房决策产生影响，进而表现在家庭的住房持有情况上。鉴于此，基于前期文献的研究现状，本书将就外部融资对家庭住房选择的影响展开分析。本书从银行信贷入手，分析其对家庭住房选择的影响。银行信贷对家庭住房选择的影响可以从两个角度进行分析：一方面，家庭获得的银行信贷额能够缓解家庭的预算约束；另一方面，部分家庭寻求银行信贷支持时普遍面临流动性约束。因此，本书分别对银行信贷额和流动性约束对家庭住房选择的影响展开分析。另外，民间借贷对家庭住房选择的影响则主要针对民间借贷额对家庭住房选择的影响展开。

本书研究的理论意义主要体现在两个方面：一方面，本书以"家庭住房决策"为入手点，将银行信贷和民间借贷作为家庭购房的外部融资途径，而流动性约束是家庭在银行借贷中普遍存在的问题，从而将家庭购买自有住房时的银行信贷、流动性约束、民间借贷有机地结合起来，并进行较系统的分析，这有助于进一步拓展家庭住房决策的分析框架；另一方面，通过本书的分析，可以更清晰地了解银行信贷和民间借贷两种不同的外部融资途径对家庭住房决策的影响，从而丰富和完善家庭资产配置理论。

本书研究的实践意义主要体现在宏观层面和微观层面两个方面：第一，宏观层面的研究意义，即对我国城镇家庭的住房现状的分析有助于决策者、房地产开发商等更加了解我国城镇家庭的住房特征；另外，可以为有效引导家庭的住房需求提供依据。第二，微观层面的研究意义，主要体现在本书的实证分析结果有助于清晰地了解外部融资、流动性约束对住房决策的影响效果，促使家庭更理性地进行决策，合理配置家庭资源。

通过理论分析与模型构建，本书得到以下结论：家庭对住房消费的不同偏好导致了家庭对住房消费量的不同选择；外部融资与流动性约束是影响家庭住房选择决策的重要因素。

实证分析主要研究外部融资对家庭住房选择的影响效果。首先，从银行信贷额入手，对我国城镇家庭的住房选择影响展开分析。家庭住房决策主要包括是否购房和住房价值两个方面；为了克服内生性对实证分析的影响，本书将引入金融可得性作为银行信贷额的工具变量。其次，为了避免流动性约束与家庭住房选择间的内生性，本书利用家庭在从事农业或工商业生产经营、购买汽车及申请信用卡过程面临的流动性约束来度量家庭的流动性约束，并分析流动性约束对家庭住房选择的影响。最后，从民间借贷入手，对我国城镇家庭的住房选择展开分析；为了克服内生性对实证分析的影响，本书将引入社会网络作为民间借贷的工具变量。基于以上实证分析，本书得到如下研究结论：

（一）银行信贷对家庭住房选择具有积极影响。

一方面，银行信贷能提高家庭购买住房的概率，且对购买首套房的影响更大。银行贷款额上升会提高家庭购买首套房和购买二套房的可能性，这主要是由于银行贷款能够增加家庭可供支配的资金，使得这部分家庭有能力承担购房价款。银行信贷对家庭购买首套房的影响更加突出。这可能是由两方面的因素造成的：一是住房消费是基础，因此没有住房的家庭对首套房需求更加迫切；二是没有住房家庭的收入和资产等相对较低，因此这部分家庭购买首套房的概率对银行贷款额更加敏感。

另一方面，银行信贷会刺激家庭购买价值较高的住房，且对投资性住房影响更突出。获得银行信贷有助于提高家庭的消费性住房和投资性住房，且对投资性住房的影响更加突出。

（二）流动性约束对家庭住房选择产生阻碍作用。

一方面，流动性约束会降低家庭购买住房的概率，并且对家庭购买首套房的影响更大。这主要是由于家庭面临流动性约束时，由于无力支付购房价款，部分家庭可能会放弃购买首套房或者购买二套房。相对比而言，流动性约束对东部地区家庭购买住房的影响更大些。

另一方面，流动性约束会导致家庭购买价值较低的住房，且对投资性住房的影响更明显。流动性约束加重会降低家庭的消费性住房和投资性住房，且对投资性住房的影响更加突出。东部地区和中西部地区的子样本回归结果与总体回归基本一致，遗憾的是子样本回归系数不显著，这可能是由于二套房家庭样本较少造成子样本回归系数与总体回归系数不完全一致。

（三）民间借贷能够促进家庭住房选择决策的实现。

一方面，民间借贷增加能够提高家庭购买住房的概率，且对家庭购买首套房的影响更大。民间借贷额能够提高家庭购买首套房和购买二套房的可能性。相对比来看，民间借贷对家庭购买首套房的影响在中西部地区表现得更加突出，对家庭购买二套房的影响在东部地区表现得略大一些。

另一方面，民间借贷能够刺激家庭选择购买价值较高的住房，且对投资性住房促进作用更强。民间借贷有助于提高家庭的消费性住房和投资性住房；并且，民间借贷额对家庭投资性住房的影响更加突出。东部地区和中西部地区的子样本回归结果表明实证分析结果是稳健的。

（四）外部融资对家庭住房选择的影响存在差异。

银行信贷额和民间借贷额会提高家庭购买住房的可能性，刺激家庭选择购买价值较高的住房，流动性约束对其产生抑制作用，并且银行信贷和民间借贷的影响程度也存在差异。就是否购房来看，银行信贷额上升对家庭购买首套房的影响显著大于民间借贷，民间借贷额上升对家庭购买二套房的影响大于银行信贷额；就住房价值来看，银行信贷额上升对家庭投资性住房的促进作用显著大于民间借贷，民间借贷额上升对家庭消费性住房的影响大于银行信贷额。

本书的政策建议主要有以下三方面：首先，合理引导家庭的住房消费需求和住房投资需求；其次，完善外部融资渠道，满足家庭的基本住房居住需求；最后，拓宽家庭投资渠道，引导家庭合理投资。

本书可能的创新点主要体现在三个方面。首先，家庭住房选择决策选题的创新性。家庭住房选择决策是在我国城镇家庭住房拥有情况存在较大差异的微观现状和国家出台不动产登记政策的宏观背景下进行的，本书以"家庭住房决策"为入手点，将家庭住房决策中涉及的银行信贷额、银行信贷中存在的流动性约束和民间借贷额有机地结合起来，选题上具有创新性。其次，家庭住房选择决策的数理分析。本书对家庭住房选择决策开展数理分析。从消费理论入手，交代家庭住房选择决策的理论基础；基于跨期购房决策，将家庭的住房需求、外部融资和流动性约束有机地结合起来。最后，家庭住房选择分析中的内生性处理。银行信贷额、民间借贷额与家庭住房选择决策间均可能存在内生性，会影响后续实证分析的效果。鉴于此，本书利用工具变量法对内生性进行处理，分别以金融可得性、社会网络作为银行信贷额和民间借贷额的工具变量，以此保障实证分析的可信度。

当然，本书也存在着很多的不足。比如，由于受到数据的限制，本书中的流动性约束家庭仅考虑家庭的贷款请求被拒绝和家庭考虑到银行贷款但是担心会被拒绝最终没有申请两种情形，并未纳入家庭的贷款请求只有部分批准这一情况，这可能会在一定程度上对实证分析造成影响。另外，为了验证实证分析的稳健性，本书将样本进一步分为东部地区样本和中西部地区样本。但是，住房选择中住房价值主要针对二套房家庭展开，这部分样本相对较少，进行子样本回归时偶尔会出现回归结果与全样本情况下结果存在微小差异，这也是本书的一个不足。

目 录

外
部
融
资
与
家
庭
住
房
选
择
研
究

1

导　论

1.1 研究背景

1998 年起我国开始全面实施城镇住房市场化改革，随着住房制度改革的逐步深入，特别是 1999 年"取消城镇家庭的福利分房"政策的出台，"购房"成为城镇家庭消费的重要部分。

住房具有双重属性：一方面可以视为家庭的消费品，为居民提供居住服务，满足家庭的消费需求；另一方面可以看作是家庭的投资品，为居民提供增值机会，满足家庭的投资需求。"居者有其屋"是中国传统的住房概念，一般指的是居民的住房消费需求。随着家庭金融知识不断充实、家庭财富不断上升，住房的投资属性不断凸显。

城镇住房实现市场化，城镇居民在取得房屋产权后，可以通过出租或者出售等方式获得租金收入或者购销差价收益。2008—2010 年，我国政府为了抵御全球金融海啸的冲击，采取了一揽子刺激计划，取得了一定的成果；但同时也存在负面效应，其中之一就是房地产泡沫。住房价格持续上涨使得住房拥有者获得上涨收益，进一步刺激了居民的住房投资热情。2012 年中国家庭金融调查报告中，按照住房获得时间的先后顺序定义了家庭拥有的第一、二、三套房，并且分别计算了三套住房的历史获得成本和当前市场价值，结果表明城镇家庭第一、二、三套住房的平均收益率分别为 340.31%、143.25% 和 96.70%。

1999 年 2 月，中国人民银行下发《关于开展个人消费信贷的指导意见》，自此，"贷款买房""按揭"等新概念进入中国家庭生活。特别是，近些年住房价格飙升对家庭购房造成沉重负担。银行信贷日渐成为家庭购买自有住房时借助的外部融资途径之一。为了支持家庭购买自有住房，银行向个人提供信贷支持，即个人住房贷款。鉴于不同家庭的信贷需求存在差异，个人住房贷款的类型也是多样化，例如公积金贷款、商业性个人住房贷款和组合贷款等。

然而，家庭在向银行申请住房贷款时，存在一定的门槛。银行倾向于为经济收入稳定、信用状况良好且有明显的偿还贷款本息能力的家庭提供贷款，同时，银行提供贷款时要求借款人提供贷款担保。在此情况下，部分城镇家庭虽有信贷需求，但是没有获得信贷供给，即面临流动性约束情况。《中国家庭金融调查报告·2012》显示，仅有13.94%的城镇家庭购买住房时获得银行信贷支持。

家庭购买住房时的另一个重要的外部融资途径是民间借贷。民间借贷是指家庭向父母、子女、兄弟姐妹、其他亲属、朋友或同事等其他途径融资的方式。作为非正规金融的表现形式之一，民间借贷具有手续简单、门槛较低、风险较大等特点。在城镇家庭购买住房过程中，民间借贷发挥着重要的作用。

就实际情况来看，我国城镇家庭的住房持有情况存在较大差异。《中国家庭金融调查报告·2012》显示，城镇家庭中11.88%的家庭没有自有住房，69.05%的家庭仅持有一套住房，15.44%的家庭拥有两套住房，3.63%的家庭持有的住房数量达到三套甚至更多。

综上所述，城镇家庭的银行信贷和民间借贷等外部融资途径以及银行信贷过程中面临的流动约束情况会对家庭的住房决策产生影响，进而表现在家庭的住房持有情况上。本书将就外部融资对家庭住房选择的影响展开分析。首先，从银行信贷入手，分析其对家庭住房选择的影响。银行信贷对家庭住房选择的影响可以从两个角度分析：一方面，家庭获得的银行信贷额能够缓解家庭的预算约束；另一方面，部分家庭寻求银行信贷支持时面临流动性约束。因此，本书分别对银行信贷额和流动性约束对家庭住房选择的影响展开分析。另外，民间借贷对家庭住房选择的影响则主要针对民间借贷额对家庭住房选择的影响展开。

1.2　研究意义

就本书研究的理论意义而言，主要体现在以下两个方面：

首先，拓展家庭住房决策的分析框架。

前期文献对家庭的银行信贷、流动性约束、民间借贷等分别进行了详尽的分析，但是却没有将这三个方面系统地联系起来。本书以"家庭住房决策"为入手点，将银行信贷和民间借贷作为家庭购房时的外部融资途径，而流动性约束是家庭在银行借贷中普遍存在的问题，从而将家庭住房决策中涉及的银行信贷、流动性约束、民间借贷有机地结合起来，并进行较系统地分析，这有助于进一步拓展家庭住房决策的分析框架。

其次，丰富和完善家庭资产配置理论。

住房资产在家庭总资产中占有较大的比重，是家庭资产的重要构成部分。不同家庭间是否购房、住房价值等是存在差异的。一方面，家庭是否购买住房、是否购买二套房以及购买的住房价值等因素都会对家庭的资产配置产生间接的影响；另一方面，银行信贷支持力度、流动性约束程度、民间借贷额等都会对家庭住房决策产生影响，从而在一定程度上改变家庭的资产配置。通过本书的分析，可以更清晰地了解银行信贷和民间借贷两种不同的外部融资途径对家庭住房决策的影响，从而丰富和完善家庭资产配置理论。

本书研究的实践意义主要体现在宏观层面和微观层面两个方面：

第一，宏观层面的研究意义。

随着中国经济的不断发展，住房市场不断规范和完善。同时，我国城镇家庭对住房的需求也在不断提升，家庭不再满足于住房的消费需求，将住房视为投资品以期获得收益，成为家庭资源配置的重要方面。本书将对我国城镇家庭的住房现状进行分析，从而使决策者、房地产开发商等更加了解我国城镇家庭的住房特征；另外，实证分析中就外部融资对家庭住房决策的影响进行分析，并将家庭的住房价值进一步划分为消费性住房和投资性住房，这可以为有效引导家庭的住房需求提供依据。

第二，微观层面的研究意义。

住房决策是我国城镇家庭日常决策的重要方面。本书通过实证分析对家庭的住房决策进行定量分析，分别就银行信贷、流动性约束、民间借贷对家庭是否购买住房以及购买的住房价值的影响效果进行回归分析。基于实证分析结果，家庭可以更加清晰地认识到家庭在住房决策过程中银行信贷、流动性约束和民间借贷情况对家庭购房的影响程度，进而使家庭更理性地进行决策，合理配置家庭资源。

1.3 研究思路

本书研究了外部融资对家庭住房选择决策的影响，并结合银行信贷、流动性约束、民间借贷等概念深入分析了家庭住房选择决策的微观机制。

家庭的住房需求主要有两个层面：一是住房消费需求，即获得居住场所用以满足家庭基本的生活需要；二是住房投资需求，将住房作为一种投资品，通过租赁或者出售的方式获得投资收益。住房消费需求主要体现为对住房服务的需求，家庭通过租赁住房即可以实现；住房投资需求主要表现为对住房资产的需求，家庭必须通过购买的方式才可以获得。

随着房价的攀升，部分家庭无法在当期依赖目前的家庭财富和收入购买住房，需要"借入"未来的预期收入才能够支付购房价款，于是住房选择决策成为一个跨期决策问题。外部融资是家庭实现跨期决策的重要环节，家庭向银行、亲戚朋友进行外部融资，之后再按照某种方式偿还贷款，这可以看做是透支未来消费量，将未来的预期收入用以增加当前的消费，即跨期消费问题。因此，外部融资是家庭住房选择决策的重要影响因素。此时，家庭往往需要借助银行信贷实现家庭购买自有住房的目标。为解决内生性问题，本书选择金融可得性作为银行信贷的工具变量，考察银行信贷对家庭住房选择决策的影响。

虽然银行贷款是家庭外部融资的重要途径，但是部分家庭在购买住房时虽有信贷需求却没有获得银行贷款。就银行贷款方式而言，家庭没有获得银行贷款的原因主要有：不需要贷款；需要贷款，但是没有申请贷款；申请贷款但是被拒绝。其中，需要但是没有申请贷款和申请贷款但是被拒绝两种情况即为家庭在银行信贷融资中面临的"流动性约束"情况。本书将就流动性约束对家庭住房决策的影响进行研究。

家庭的流动性约束一定程度上阻碍了家庭住房目标的实现，家庭为了满足住房需求，必然寻求其他方式进行融资，民间借贷即为最普遍的形式。本书选择社会网络作为民间借贷的工具变量，考察民间借贷对家庭住房选择决策的影响。

为了使内文结构更加严谨系统，本书将理论分析和实证分析相结合。首先，本书对家庭的住房选择决策进行理论分析。

本书认为：家庭偏好不同导致了家庭对住房需求量的不同选择；外部融资与流动性约束是影响家庭住房选择决策的重要因素。接着，通过实证模型，考察银行信贷和民间借贷两种外部融资方式及银行信贷中存在的流动性约束对家庭住房选择决策的影响效果。（如图 1 - 1）

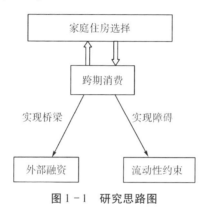

图 1 - 1　研究思路图

1.4　研究方法

　　本书就银行信贷、流动性约束和民间借贷对家庭住房选择的影响展开分析，主要涉及以下几种研究方法：

（一）最小二乘估计

最小二乘估计法（OLS）是回归模型中较为常见的方法。住房选择中的消费性住房和投资性主要是针对二套房家庭展开的，这部分家庭的消费性住房价值和投资性住房价值数值均大于 0。另外，本书主要是基于家庭在农业和工商业生产经营中的流动性约束情况作为家庭流动性约束的度量指标，所以流动性约束与家庭住房选择间内生性较为微弱。因此，本书主要借助最小二乘估计分析流动性约束对家庭消费性住房和投资性住房的影响。

（二）二值选择模型（Probit）

二值选择模型适用于被解释变量为离散变量的情形。住房选择中的是否购房包括是否购买首套房和是否购买二套房两方面。是否购买首套房和是否购买二套房这两个变量的取值均为 0 或 1，为离散变量。因此，本书通过建立二值选择模型就银行信贷额、民间借贷额及流动性约束对家庭是否购买首套房和是否购买二套房的影响进行回归估计，具体是采用二值选择模型中的 Probit 模型。

（三）工具变量法

银行信贷额与家庭住房选择、民间借贷额与家庭住房选择间可能存在内生性，本书将使用工具变量法进行两阶段估计，以此克服内生性对估计结果的影响。具体而言，银行信贷额对家庭是否购房的影响、民间借贷额对家庭是否购房的影响主要利用 IV - probit 回归，银行信贷额对住房价值的影响、民间借贷额对住房价值的影响主要利用 IV - OLS 回归。

1.5 研究重点和难点

为了使内文层次分明、重点突出，本书的研究重点和研究难点分别体现如下：

（一）研究重点

本书的研究重点主要体现在以下两个方面：

一是我国城镇家庭住房现状的分析。通过描述性统计方式对我国城镇样本家庭的租赁住房情况、自有住房情况以及家庭在购买或建造住房时的融资渠道和融资规模进行分析，反映我国城镇家庭住房特征。

二是外部融资对我国城镇家庭住房选择的实证分析，这是本书的核心内容。家庭的住房选择决策包括是否购买住房和住房价值两个方面，具体包括家庭是否购买住房、是否购买二套房、消费性住房价值和投资性住房价值，并借助计量回归方式测度银行信贷额、银行信贷中存在的流动性约束和民间借贷额对家庭住房决策的影响效果。

（二）研究难点

本书的研究难点体现在以下两个方面：

一是变量的选取和度量。2012 年中国家庭金融调查数据涵盖家庭的人口统计学特征、资产与负债、保险与保障、收入与支出等方面，实证分析中选择合适的变量参与回归是本书的一个研究难点。另外，实证分析中需要对家庭的银行信贷额、面临的流动性约束程度以及民间借贷额进行度量，于是，如何利用调查问卷选择恰当的方式、合适的变量进行度量是本书面临的一个难点问题。

二是模型的估计。家庭的住房选择决策包括是否购房和住房价值两个方面，具体包括家庭是否购买住房、是否购买二套房、消费性住房价值和投资性住房价值。利用计量回归模型测度银行信贷、流动性约束和民间借贷对家庭住房决策的影响效果时涉及多个模型，因此根据数据特征选择合适的计量模型是本书研究的另一个难点问题。

1.6 结构安排

本书共分为八章，各章的研究内容如下：

第一章为导论。阐述了本书的研究背景、研究意义、研究思路、研究方法、研究重点与难点、结构安排、创新点与不足。

第二章为国内外文献述评。本章主要对本书涉及的国内外相关文献进行梳理，主要从四个方面展开：一是住房需求与住房选择决策研究现状；二是银行信贷与住房选择研究现状；三是民间借贷与住房选择研究现状；四是流动性约束研究现状。

第三章为我国住房改革与城镇家庭住房现状分析。首先，对我国城镇住房制度改革的四个阶段：住房改革的探索和试点阶段、住房改革全面实施阶段、住房改革综合配套改革阶段和实物分房的终结阶段的政策和改革效果进行梳理；接着，以2012年中国家庭金融调查的微观数据为基础，以我国城镇家庭为研究对象，通过描述性统计方式对我国城镇样本家庭的租赁住房情况、自有住房情况以及家庭在购买或建造住房时的融资渠道和融资规模进行分析。

第四章为我国住房选择的理论分析。本章首先从消费理论入手交代家庭住房选择决策的理论基础；接着从家庭住房选择决策差异化的根本原因谈起，构建住房选择决策的两阶段模型，分析家庭的两阶段消费效用最大化；随后，又从家庭财富的积累过程以及家庭消费效用两个方面构建并求解贝尔曼方程，找出家庭最优的住房消费量与住房投资量；最后，本章分析了缺乏外部融资情形下家庭的住房需求决策问题，在流动性约束条件下构建贝尔曼方程，求解出家庭的最优住房消费数量。

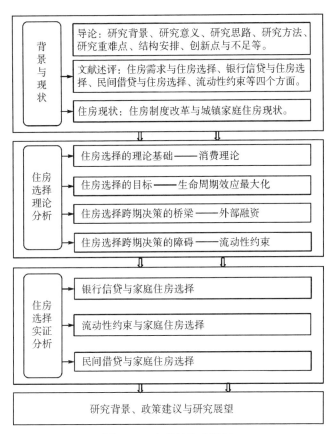

图1-2　本书结构安排图

第五章为银行信贷与家庭住房选择。本章将从银行信贷入手，对我国城镇家庭的住房选择决策展开分析。家庭住房决策主要包括是否购买住房和住房价值两个方面。为了克服内生性对实证分析的影响，本书将引入金融可得性作为银行信贷额的工具变量；将利用小区周边银行数量作为金融可得性的度量指标。

第六章为流动性约束与家庭住房选择。为了避免流动性约束与家庭住房选择间的内生性，本章利用家庭在从事农业或工商业生产经营、购买汽车及申请信用卡过程中所面临的流动性约束来度量家庭的流动性约束程度，并分析流动性约束对家庭住房选择的影响。

第七章为民间借贷与家庭住房选择。本章将从民间借贷入手，对我国城镇家庭的住房选择决策展开分析。家庭住房决策主要包括是否购买住房和住房价值两个方面。为了克服内生性对实证分析的影响，本书将引入社会网络作为民间借贷的工具变量，具体是使用礼金往来，即礼金支出和礼金收入之和作为社会网络的度量指标。

第八章为研究结论与研究展望。这部分将基于前面的理论阐述和实证分析得出相关结论，并在此基础上提出政策建议；另外，这部分还将针对后期的研究方向和内容提出研究展望。

1.7 创新点和不足

1.7.1 创新点

本书可能的创新点主要体现在以下三方面：

（一）家庭住房选择决策选题的创新性

家庭住房选择决策是在我国城镇家庭住房拥有情况存在较大差异的微观现状和国家出台不动产登记的宏观背景下进行的。和前期文献不同的是，本书以"家庭住房决策"为入手点，将银行信贷和民间借贷作为家庭购房时的外部融资途径，而流动性约束是家庭在银行借贷中普遍存在的问题，从而将家庭的银行信贷、流动性约束、民间借贷有机地结合起来，选题上具有创新性。

（二）家庭住房选择决策的数理分析

本书对家庭住房选择决策开展数理分析。从消费理论入手，交代家庭住房选择决策的理论基础；基于跨期购房决策，将家庭的住房需求、外部融资和流动性约束有机地结合起来。经过理论分析与模型构建求解，得出如下结论：家庭偏好不同导致了家庭对住房需求量的不同选择；家庭住房消费需求与住房投资需求的差异性是造成城镇家庭居民做出不同住房选择决策的主要原因；外部融资与流动性约束是影响家庭住房选择决策的重要因素。

（三）家庭住房选择决策分析中的内生性处理

本书就外部融资对家庭住房选择的影响展开分析，其中涉及银行信贷额和民间借贷额对家庭是否购房和住房价值的影响；然而，银行信贷额与家庭住房选择决策、民间借贷额同家庭住房选择间均可能存在内生性，会影响后续实证分析的效果。鉴于此，本书利用工具变量法对内生性进行处理，以金融可得性作为银行信贷额的工具变量，以社会网络作为民间借贷额的工具变量，以此保障实证分析的可信度。

1.7.2　不足

本书也存在着很多的不足。根据前期文献，流动性约束主要包括三种情况：①家庭的贷款请求被拒绝；②家庭的贷款请求只有部分批准；③家庭虽然考虑到贷款但是担心会被拒绝最终没有申请。如果任何一种情况都不存在则认为是没有流动性约束的家庭。由于受到数据的限制，本书中的流动性约束家庭仅考虑家庭的贷款请求被拒绝和家庭考虑到银行贷款但是担心会被拒绝最终没有申请两种情形，这会低估面临流动性约束家庭的数量，弱化流动性约束对家庭住房选择的影响。

　　另外，为了验证实证分析的稳健性，本书将样本进一步分为东部地区样本和中西部地区样本。但是，住房选择中住房价值主要针对二套房家庭展开，这部分样本相对较少，进行子样本回归时偶尔会出现回归结果与全样本情况下存在微小差异，这也是本书的一个不足。

2
国内外文献评述

2.1 住房需求与住房选择决策研究现状

2.1.1 住房需求及实现方式

住房需求是指在一定的财富水平、收入以及其他户主特征和家庭特征影响因素下，家庭存在购房意愿且有支付能力的住房需求量。由此可以看出，住房需求需要满足两个条件：一是存在购房意愿，即家庭主观愿意购买住房；二是具有支付能力，即家庭客观上能够支付购房价款。

家庭存在住房需求主要有两个原因：一方面，满足基本的生活和生产需要，即获得居住场所；另一方面主要是作为一种投资方式。随着住房制度改革的不断深入，住房资产逐渐成为我国城镇家庭资产配置的重要构成部分；1999 年后我国彻底取消了城镇家庭福利分房政策，住房的商品化促使住房的投资价值不断凸显。城镇家庭可以在取得房屋所有权后，通过租赁或者出售的方式获得出租租金或者房屋购销差价，从而实现住房增值的目的，家庭对住房的消费需求和投资需求也同时表现出来。

关于住房消费需求和住房投资需求的划分，郑思齐等（2007）认为，住房消费需求主要体现为对住房服务的需求，家庭主要是通过租赁的方式实现的；住房投资需求主要表现为对住房资产的需求，家庭必须通过购买的方式才可以获得。

本书在分析中借鉴这种思想，住房投资需求通过自有住房才可以实现，将购买的自有住房视为住房投资；而住房消费可以通过租赁和购买自有住房两种方式实现，其中购买自有住房的家庭可以看作是自己将住房租赁给自己居住。因此，对于依靠租赁住房满足住房需求的家庭，则为住房消费行为；对于拥有住房的家庭，无论是一套房还是多套房，如果取得住房后是自己居住，则该家庭同时存在住房消费需求和住房投资需求；如果该家庭虽拥有住房，但是只是用以出租或者等待未来价格上涨后出售，那么只是体现了家庭的投资需求。

2.1.2 住房需求与住房决策

龙学锋、陈国珍、王冰和肖延庆（2008）在文中指出，住房的投资收益较高，城镇家庭倾向于将较多的资金投资于住房，于是房屋价格会对家庭的消费和投资行为产生重要影响。同时，其影响路径表现为：房屋价格上升意味着家庭财富价值提高，于是家庭会在财富效应的驱使下提高家庭消费水平；另外，住房价格上升后，当价格上升引起房屋租赁收入或者房屋出售收入显著提高，并且高于其他金融资产的投资收益时，家庭会调整资产配置。

（一）理论研究

Maisel（1963）指出，住房市场较为复杂，是由多个相互叠加的市场构成的复合型市场。在住房市场中，不同人对住房的需求也不完全相同：一部分人认为住房主要是提供居住场所，他们较看重住房带来的舒适性等，住房对于他们来说只是一种消费商品；但是另外一部分人则较看重住房作为家庭资产所带来的收益，将住房视作投资商品，这为住房需求的双重属性提供了前期理论支持。

Fallis（1983）就住房需求的前期文献进行了系统的梳理，并指出前期文献对住房需求的研究主要从三个方面开展：一是以家庭人口等特征变量作为解释变量，对家庭的租房和购房决策进行实证分析；二是将家庭的住房需求视为外生变量，对比家庭租赁住房的成本和购买住房的成本并进行比较静态分析；

三是在新古典经济学框架下建立跨期效用最大化模型，在消费者行为等相关理论的指导下，将住房需求进一步划分为住房消费需求和住房投资需求，进而对家庭的住房需求行为展开研究。

就目前的文献来看，理论分析主要集中在利用住房的消费需求和投资需求解释家庭住房租买选择。Henderson and Ioannides（1983）建立了住房租买选择模型，首次从住房的消费需求和投资需求两个维度来对家庭的住房决策进行分析，纳入家庭的跨期收入、家庭财富水平进行比较静态分析，利用期望效用函数求解两阶段跨期效用最大化问题；他们认为当不存在税收、借款约束和交易成本等情况下，家庭的住房决策是由住房的消费需求和投资需求的差异决定的。

Rothenberg et al.（1991）根据家庭具体的住房决策行为，将住房需求划分为四个方面，分别为对住房服务的需求、对特定住房特征的需求、对租赁住房和购买住房选择的需求和对住房区位的需求。Fu（1995）分别对存在流动性约束和不存在流动性条件下的住房消费需求和住房投资需求进行了分析和对比，结果表明流动性约束确实会影响家庭的住房需求。

另外，也有学者从投资组合角度对家庭的住房需求展开分析。Bureckner（1997）通过投资组合理论，对家庭的住房消费需求和住房投资需求进行分析，讨论了住房消费需求小于、等于住房投资需求时家庭的投资组合效率。

国内学者在住房需求理论方面开展的分析相对较少，并且主要集中于对住房投资需求的研究，在假设住房价格满足随机波动的前提条件下，建立模型，求解决策最优点。蔡晓钰、陈忠和蔡晓东等（2005）在住房价格满足随机波动的假设前提下建立了住房投资出售最优化模型，在该模型框架下进行静态分析和敏感性分析。蔡晓钰等（2005）以实物期权理论为指导，在住房价格满足随机波动的假设前提下建立住房租赁和购买投资时机选择模型，并给出了最优选择对应的阀值。张大泽（2007）在假设住房价格和租赁租金同时满足随机波动的前提条件下，建立住房租赁和购买选择模型，通过动态规划方法求解最优选择时的阀值。蔡晓钰等（2006）在假设住房价格和租赁租金同时满足随机波动的前提条件下，建立住房租赁和住房购买选择模型，并在该模型框架下进行比较静态分析。徐运保和刘名武（2009）在前期文献的基础上进一步拓展，假设家庭的投资需求表现出层次性，以动态规划原理为指导、以生命周期理论为基础建立模型，进一步纳入了家庭因素、宏观经济因素和政策因素，对家庭的住房决策行为进行分析。

就国内外有关住房需求理论分析的相关文献进行系统梳理可以看出，国外对住房需求以及住房消费需求和住房投资需求的研究相对较早，对住房需求的划分也较为细致；理论研究主要集中在家庭租赁住房和购买住房决策方面。相对比而言，国内的研究则较为单一，并且局限在住房投资需求的分析，在假设住房价格满足随机波动的前提条件下，建立模型，求解决策最优点。

（二）实证研究

就国外有关住房需求的文献来看，住房租赁和住房购买决策是实证分析的一个重要方面。Rosen（1974）提出了家庭住房特征模型，在该模型的分析框架下建立实证分析模型，分析住房的具体特征变量，如住房的结构、空间位置等对家庭租赁住房和购买住房决策的影响。Gillingham and Hagemann（1983）则主要针对家庭的住房消费需求，分析家庭收入水平和房价对家庭租赁住房和购买住房决策的影响。Henderson and Ioannides（1987）在住房租买选择模型基础上进一步引入了税收、按揭贷款政策等制度性因素，分析影响家庭住房拥有的因素及资本市场不完美的作用，实证分析表明家庭财富越高的家庭拥有住房的可能性越高。Ioannides and Rosenthal（1994）在住房市场具有不完美特征的背景下，以美国家庭为研究对象，根据住房投资需求和住房消费需求差异进一步将家庭分为四类：一是没有自有住房而依靠租赁方式满足住房需求的家庭，这部分家庭对住房的消费需求远远大于住房投资需求；二是虽然有自有住房却居住在租赁的住房中，这部分家庭对住房的消费需求略大于住房投资需求；三是拥有一套自有住房并且居住在自有住房的家庭，这部分家庭对住房的消费需求等于或略小于住房投资需求；四是家庭拥有多套自有住房，且居住在自有住房中，这部分家庭对住房的消费需求远远小于投资需求。实证分析结果表明，家庭的基本住房主要是由家庭的消费需求决定的，与住房的投资需求无关，并且住房投资需求和消费需求之间的差异是家庭住房决策的重要决定因素。

随后，学者在 Henderson and Ioannides（1987）的分析框架下对其他国家的家庭展开分析。Arrondel and Lefebvre（2001）对法国家庭展开分析，结果显示，对于法国家庭而言，住房投资需求和消费需求之间的差异不能完全解释家庭的住房决策，同时对于仅有一套房的家庭而言，住房是家庭消费需求和投资需求共同作用的结果。Manrious and Ojah（2003）对西班牙家庭的住房需求进行分析，结果表明影响家庭对于首套房和二套房需求的因素是存在差异的，即影响家庭住房消费需求和住房投资需求的因素是存在差异的。Kim and Jeon（2012）以韩国家庭为对象，关注那些虽然拥有自有住房但是仍然租房的家庭，实证分析结果表明家庭在拥有自有住房时仍选择租房的概率与家庭收入、租房者的年龄呈现出"倒 U"形变化，并且对于结婚并且孩子正在上学的家庭而言，概率较高。

部分学者就住房市场波动、收入水平对家庭住房需求的影响进行分析，但是并没有区分家庭的住房消费需求和住房投资需求。Haurin and Chung（1998）以拥有自有住房的家庭为研究对象，利用危险率模型分别对住房市场的波动和交易成本进行估算，并分析住房市场波动和交易成本对家庭住房需求的影响。Goodman（2002）以拥有自有住房的家庭为研究对象，就家庭收入对住房需求的影响进行实证分析，结果显示家庭的收入弹性介于0.4与0.45之间。Javier et al.（2008）以西班牙家庭为研究对象，利用宏观经济数据对1999年后住房占有模型和住房类型对住房需求的影响效果进行分析，结果显示拥有自有住房的家庭和没有住房而租赁住房的家庭相对比而言，其住房类型和收入需求弹性存在差异。Matias and Fidel（2009）以墨西哥家庭为研究对象，就各因素对家庭住房需求的影响进行分析，实证分析结果表明家庭的收入水平、住房供给等均会对家庭的住房需求产生影响。

也有学者对特定年龄段的家庭的住房需求展开研究。Gary and Lee（2009）就老年人的住房交易行为展开实证分析，分析家庭特征变量对这些人群住房交易行为的影响效果。实证分析结果表明，户主的年龄并不会对家庭购买住房和租赁住房决策产生显著影响，户主的健康状况以及是否为单一人口才是家庭进行购买住房和租赁住房决策的重要影响因素；另外，孩子会影响老年人的住房决策，即与自己孩子一起居住的老年人减少住房面积或者降低住房净资产价值的可能性较低，孩子较多的那些老年人减少住房面积和降低住房净资产价值的可能性较高。

Yu and Lee（2010）以韩国家庭为研究对象，分析2003—2008年宏观经济因素对住房价格的影响。实证结果显示，货币供给量、投资收益率等宏观经济因素会对住房价格产生显著影响，因此可以通过货币供应量、投资收益率等因素调控住房需求，进而达到控制住房市场价格的目的。

与国外学者相比，国内学者对住房需求的研究还很粗略，仍然集中在分析住房整体需求上，尚没有对住房的消费需求和住房的投资需求进行进一步区分。

陈钊（1998）对我国住房制度改革过程中居民的住房需求特征进行分析，指出我国的住房需求主要体现为住房消费需求，且住房消费需求大于住房投资需求。蒋达强（2001）以上海市家庭为研究对象，对其住房需求进行描述性统计分析，但是并没有建立计量模型分析。郑思齐和刘洪玉（2004）认为，家庭的住房决策在不同时期是不同的，无论购买自有住房还是租赁住房，都是家庭合理的住房消费形式。

就我国住房需求开展的研究来看，主要是基于宏观经济数据建立计量模型，分析影响住房需求的因素。王金明和高铁梅（2004）对我国房地产市场的需求和供给函数进行动态分析，结果表明，在影响住房需求的各项因素中，收入弹性最大。魏巍贤和李阳（2005）建立了房地产市场的需求模型，基于面板数据分析了住房价格、收入、利率等对住房需求的影响，结果表明，各因素对不同地区住房需求的影响是存在差异的。周京奎（2005）利用中国宏观经济数据对城市住房价格波动同住房投资中的投机行为进行实证分析，结果显示影响城市住房市场价格的并不是家庭的可支配收入，而是住房市场的投机行为。郑思齐和王寅啸（2007）建立计量模型，并在需求方程中引入房价预期因素，分析住房价格上涨预期对住房需求的影响效果，实证分析结果表明，当家庭对未来住房价格持上涨预期时，住房需求会上升。

2.1.3　文献述评

住房需求同一般的需求不同，它是以家庭为单位的；并且，住房需求具有耐用性、固定性和异质性等特征；这些特征使得家庭的住房需求、住房决策等表现出差异性。住房需求可以进一步划分为住房消费需求和住房投资需求，其中住房消费需求主要体现为对住房服务的需求，家庭只要通过租赁住房就可以实现；住房投资需求主要表现为对住房资产的需求，家庭只有购买住房后才可以获得。

对住房需求的文献梳理主要是从理论分析和实证分析两方面进行的。对国内外有关住房需求理论分析的相关文献进行系统梳理可以看出，国外对住房需求以及住房消费需求和住房投资需求的研究相对较早，对住房需求的划分也较为细致；理论研究主要集中在对家庭租赁住房和购买住房决策方面。相对比而言，国内的研究则较为单一，并且局限于对住房投资需求的分析，在假设住房价格满足随机波动的前提条件下，建立模型，求解决策最优点。

就国内外有关住房需求实证分析梳理发现，国外对住房需求开展的研究较为丰富，多个国家在住房租赁和购买决策模型框架下开展实证分析；相对比而言，就我国住房需求开展的实证分析主要是基于宏观层面，利用微观数据开展的研究较为稀少。

基于以上分析，本书将以我国城镇家庭为研究对象，以2012年中国家庭金融调查数据为支撑，将家庭的住房需求进一步分为住房消费需求和住房投资需求两方面，分析我国城镇家庭的住房选择问题。本书将我国城镇家庭的住房选择细化为是否购房和住房价值两个方面，其中是否购房包括是否购买首套房和是否购买二套房，住房价值包括消费性住房价值和投资性住房价值两方面。

2.2 银行信贷与住房选择的研究现状

2.2.1 正规金融的含义

金融体系可以大体划分为正规金融和非正规金融（郭沛，2003；谈儒勇，2001）。正规金融拥有充足的资金，主要以大中型企业为服务对象，能够通过规模经济获得成本优势。

就目前的研究文献来看，关于正规金融的定义相对较为统一。郭沛（2003）指出，正规金融活动是指那些经过政府核准设立并接受相关监管部分监管的金融机构所从事的金融交易活动；这些金融机构主要包括中央银行、政策性银行、商业性银行、保险公司、投资银行等。谈儒勇（2001）认为正规金融体系是指那些经过正式核准、经过相关部门登记和记录、受到官方的监督、管理的金融机构和金融市场，金融机构主要包括银行类金融机构、保险公司以及共同基金等，金融市场主要有同业拆借市场和证券交易所等。

2.2.2 银行信贷与住房选择文献梳理

目前，以银行等金融机构和家庭住房行为为入手点开展的研究主要集中于个人住房贷款风险，分析个人住房贷款存续期间的违约行为决策和影响因素。

学者认为贷款价值与抵押房屋价值之比（以下简称贷款价值比）是影响个人住房贷款违约风险的重要因素。Jung（1962）以芝加哥的商业银行等金融机构提供的住房贷款展开研究，结果显示，贷款价值比和贷款利率是影响违约风险的重要因素，贷款价值比和贷款利率与违约风险均呈正向变动关系。Von

（1969）的研究表明，金融机构的个人住房抵押贷款违约风险会因借款人的家庭收入、贷款价值比、贷款期限、已贷款年数等的不同而表现出差异性，并且，贷款价值比的影响最为突出。Quercia and Stegman（1992）的研究结果显示，贷款价值比和住房净资产会影响个人住房贷款的违约风险。

房地产市场的住房价格变动是影响个人住房贷款违约风险的关键因素。杨星、麦元勋（2003）指出，住房市场价格波动率上升会导致个人住房贷款风险加剧。李彪和谢赤（2005）认为，住房价格的周期性波动会加剧个人住房贷款市场的风险。陈国鹏（2013）的实证分析结果显示，住房价格变化是影响个人住房贷款风险的关键因素。

也有学者从期权的视角分析借款人住房贷款存续期间的决策行为。Foster and Van（1985）率先在个人住房抵押贷款违约风险的研究范式中引入期权定价理论，并指出除按期归还贷款外，个人住房抵押贷款中会出现违约和提前还款两种情况，其可以分别被看作是卖出期权和买入期权。Deng，Quigley and Van（1996）利用期权定价理论分析个人住房贷款中的违约与提前还款现象并指出，违约风险不仅会受到贷款价值比和住房权益的影响，而且对家庭的失业等突发事件表现出一定的敏感性。

就我国个人住房贷款的提取还款行为，学者也进行了细致的分析。曹振良、王重润（2002）表示，住房贷款市场的融资环境、利率水平、住房价格趋势和宏观经济状况会影响借款人提前还款行为。王福林和贾生华（2003）指出，中国人"无债一身轻"的传统观念是影响个人住房贷款提前还款的重要因素；另外，利率水平的变化、宏观经济形势变动、住房制度改革的实施等也会影响个人住房贷款的提前还款。徐淑一、王宁宁和王美今（2009）的实证分析研究进一步显示，个人住房抵押贷款中的高额贷款和长期贷款发生违约风险的概率较高，学历较高的借款人选择提前还款的可能性较大，借款人的性别为男性或者年龄较高者发生违约风险和提前还款风险的概率较高。

借款人的个人特征也会影响住房贷款的风险。Gau（1978）指出，借款者的信用评级与职业会影响个人住房抵押贷款的违约风险。程飞（2001）表示，住房抵押贷款中借款者的还款能力和还款意愿是导致信用风险的重要因素，并且还款能力和还款意愿会受到借款者的职业、受教育程度、购房动机的影响。刘春红、刘可新和吴晨（2007）的实证分析结果表明，借款人的家庭收入、首付比例和还款收入比会影响贷款的违约风险。徐平安、侯剑平和薛强（2010）指出，借款人的受教育程度、家庭结构、家庭负债情况等与个人住房贷款的违约风险存在密切联系。

银行信贷对家庭住房决策影响方面的文献相对较少，而且实证分析是基于宏观数据。李宏瑾（2005）以1999—2003年为样本期，通过商品房屋销售额度量住房需求，对房地产市场的银行信贷、住房供求和经济增长开展研究，实证结果表明，个人住房贷款有助于提高房地产市场的住房需求。

2.2.3　文献述评

通过系统梳理银行信贷与住房选择等相关文献可以看出，前期文献对以商业银行为代表的正规金融体系进行了明确的界定。以银行等金融机构和家庭住房行为为入手点开展的研究主要集中于个人住房贷款风险，分析个人住房贷款存续期间的违约行为决策和影响因素。但是，针对银行信贷对家庭住房决策影响方面的文献相对较少。鉴于此，本书将以我国的城镇家庭为研究对象，对1998年住房改革后银行信贷对家庭住房决策的影响分别进行分析，以此揭示银行信贷在城镇家庭住房选择决策中所发挥的作用。

2.3 民间借贷与住房选择的研究现状

2.3.1 非正规金融的含义

（一）非正规金融的含义

非正规金融是与正规金融相对而言的，主要是以自身的资金作为放贷来源，以中小企业为主要贷款对象，具有相对信息优势。前期文献对非正规金融的认识是不断发展的，因此对非正规金融的定义也是多角度的。一部分学者以正规金融作为参考对象，将正规金融之外的金融体系和金融机构所从事的交易和活动定义为非正规金融。左柏云（2001）指出，非正规金融是相对官方金融而言的，是游离于正规金融体制之外的金融活动和交易行为。谈儒勇（2001）认为，非正规金融体系是相对正规金融体系而言的，是指那些未经过正式核准、未经过相关部门登记和记录、游离于官方的监督、管理的金融机构和金融市场；相对比而言，非正规金融是被分割的或是无组织的机构和市场。张建军、袁仲红和林平（2002）认为非正规金融活动是指那些经过国家相关权力机关核准成立的正规金融机构等之外的资金筹资活动；这些金融活动以营利为主要目的，交易可以在个人与个人之间、个人与企业之间、企业与企业之间进行。郭沛（2003）指出，非正规金融活动是指那些设立未经过政府核准，日常交易活动不接受国家相关监管部分监管的金融机构从事的相关交易活动；但是这些非正规金融部门也会向个人或企业提供直接融资或间接融资。胡德官和陈时兴（2005）认为非正规金融的产权归民间所有，是民间金融组织或者居民个人提供的金融服务和交易行为。

也有学者指出，非正规金融活动主体不局限于非正规金融机构，正规金融机构的某些行为活动也属于非正规金融活动范畴。张宁（2002）在文中指出，非正规金融主要是指那些没有得到国家法律法规核准、认可的金融活动；具体包括非公开金融、局部公开金融、正式金融机构中没有得到国家法律法规核准、认可的金融活动、民间及非正规金融机构从事的未经国家法律法规核准、认可的金融活动和金融创新等。易秋霖和郭慧（2003）认为，非正规金融既包括是非正规金融机构的交易和行为，也包括正规金融机构的交易和行为；于是，不仅民间借贷、私人钱庄和台会等属于非正规金融活动，银行间不规范的拆借行为等也属于非正规金融活动范畴。任森春（2004）指出，非正规金融是指那些不接受国家法律法规保护和约束、游离于金融监管之外的金融活动，并且非正规金融活动包括各种金融机构、金融市场、企业和个人所从事的交易活动。

此外，也有学者从"民间信用""民间金融"视角对非正规金融进行定义。何田（2002）指出，非正规金融是指居民个人之间、个人同集体之间从事的以偿还为条件的借贷行为，这种交易行为具有"地下经济"性质。刁怀宏（2004）认为非正规金融属于民间金融范畴，是随着民营经济的发展而发展的，在经济发展中占据非主导地位。

（二）正规金融与非正规金融的关系

关于正规金融与非正规金融间的关系，不同学者间的看法存在一定差异。但是，普遍认为正规金融与非正规金融间替代关系与互补关系并存。

Chandavarkar（1985）认为正规金融主要集中于城市地区，是制度化和组织化的金融体系；非正规金融与农村的经济发展模式相适应，是非制度化和非组织化的金融体系。Diagne（1999）指出，在正规金融较完善的环境中，非正规金融相对较少，但是正规金融无法完全消除非正规金融的存在，两者表现出不完全替代关系；另外，正规金融与非正规金融还体现出互补关系。

刘民权、徐忠和俞建拖（2003）认为非正规金融与正规金融各自具有相对比较优势，并不一定是相互竞争或相互替代关系，两者在一定程度上也可以表现出互补关系。李建军（2008）认为正规金融与非正规金融之间既存在竞争关系也存在互补作用。崔百胜（2012）表示，我国目前的金融环境还不完善，金融功能无法充分发挥，这会对我国经济发展产生负面影响；当正规金融无法满足融资需求时，非正规金融成为融资的重要补充。

2.3.2 非正规金融的形成机制、利率水平及影响

（一）非正规金融的形成机制

就民间借贷等非正规金融的形成机制而言，前期学者从多个角度进行分析，其中比较有代表性的主要有：

（1）非正规金融的产生与正规金融缺位密不可分

正规金融在农村地区所发挥的作用是十分有限的。左臣明和马九杰（2005）在文中指出，自1998年来，我国四大国有商业银行陆续撤销或合并了三万余家县级及以下分支机构，在农村仅有农村信用合作社一家正规金融机构提供金融服务；而农村信用社自身存在较多问题，如规模较小、不良贷款率高等，因此为农村、农民等提供金融服务的能力受到限制，农村地区的金融需求无法得到满足。宋宏谋（2003）指出，正规金融的供给无法满足资金需求是农村地区非正规金融迅速发展的重要因素；同时，农村地区的投资渠道相对较少，为非正规金融的发展提供了可能。加之，农村地区有限的正规金融机构更倾向于将资源配置给财富较高、社会资本较高的农户（叶敬忠等，

2004）。因此，对于绝大多数的农村家庭而言，主要依赖非正规金融满足信贷需求。温铁军（2001）指出，农村地区的经济活动一般规模小、周期长，较难通过正规金融渠道获得资金支持，因此主要依赖民间借贷等非正规金融。于瑞华和余红（2006）认为，农村地区经济主体较难通过正规金融获得资金支持，这促进了民间借贷的产生和发展。

另外，也有学者认为非正规金融的缺位表现在民营经济中。Kellee（2001）表示，温州非正规金融的盛行与改革开放后民营经济的发展及金融创新推动有关。张庆亮（2001）指出，非正规金融发展与民营经济对资金的需求密不可分。林乐芬和林彬乐（2002）认为，我国非正规金融的产生与发展同体制内的正规金融机构提供的信贷无法满足体制外的非公有经济的金融需求密切相关。何田（2002）指出，民营经济等非公有制经济的发展需要相应的信贷资金支持，然而我国四大国有商业银行主要用以满足国有大中型企业的资金需求，于是民营企业只能通过非正规金融机构和非正规金融市场融资。任旭华和周好文（2003）也指出，随着改革开放的不断深入，民营企业的资金需求和资金供给存在严重不匹配现象：一方面，民营企业的快速发展不断衍生出较为旺盛的信贷需求；另一方面，我国以正规金融为主体的正规金融市场和国有银行提供的直接融资和间接融资主要为国有企业提供服务。

综上分析可以看出，非正规金融的产生与发展与农村经济和民营经济中普遍存在的信贷需求和信贷供给矛盾密不可分。

（2）非正规金融产生与发展与金融抑制存在重要联系

Anders（2002）认为，非正规金融的产生与金融抑制下的政府配给、所有制偏见存在重要关系。易秋霖和郭慧（2003）指出，非正规金融中合法的金融活动主要源于国家的金融管制，例如对信贷额度的管制、对存贷利率水平的管制等。张杰等

（2003）通过建立借贷资金理论模型对可贷资金市场中的信贷需求和信贷供给进行分析，更明确地指出，非正规金融的存在和发展与利率管制密不可分；国家为了促进一国的投资水平，实施低利率政策，正规金融市场的利率水平被设定在较低的水平，此时一国的资金需求急剧上升，金融供给却明显下降，造成正规金融市场的可贷资金数量降低，形成资金缺口，于是对非正规金融形成较大的需求，促进了非正规金融的产生和发展。胡德官和陈时兴（2005）在文中明确指出，麦金农和肖提出的金融抑制假说是发展中国家非正规金融发展的体制性原因。巴曙松、黎友焕和国世平（2011）指出，金融管制是民间借贷快速发展的重要原因。

（3）非正规金融是一国制度变迁的必然结果

史晋川（1997）认为，非正规金融的产生和发展是一国政府、正规金融机构以及借款方相互博弈的产物，是个人利益与社会经济制度等外部因素共同作用的结果。马忠富（2001）指出，中国非正规金融的产生和发展是经济体制改革的必然产物。任旭华和周好文（2003）指出，当金融制度的供给与需求失衡时，该制度下存在潜在的利益空间，存在制度变迁需求；这可以应对制度供给的缺陷，满足金融服务要求，从而获得制度变迁收益；就非正规金融而言，其运作较为灵活、交易成本相对较低，因此随着制度变迁而应运产生了。张胜林、李英民和王银光（2002）以农村的民间借贷为研究对象并开展调查研究，基于调查研究结果指出，正规金融在服务范围、信贷供给额度、金融供给结构等方面都无法与农村金融服务体系相匹配，不能满足农村经济发展的信贷需求；相对比而言，非正规金融的搜寻成本相对较低、借贷手续较为简易、借贷成本较高，这些特征促使借贷双方达到交易，成为正规金融供给不足情况下的一种制度创新产物。苏士儒、段成东、李文靖和姚景超（2006）

指出，改革开放后，我国经济多元化发展，但是银行信贷资金供给却存在供给缺位问题，正是在这样的双重特征下非正规金融活动逐渐产生和发展，这是需求诱导下制度变迁的结果。

（4）非正规金融的产生与发展能够更好地克服信息不对称问题

William, et al.（1997）指出，非正规金融主要利用当地私人信息为基础展开交易，在克服信息不对称问题方面具有比较优势。张友俊和文良旭（2002）主要关注非正规金融中的民间借贷行为，指出虽然民间借贷交易较为分散，但是交易双方拥有较为对称的信息，因此没有还款能力的人很难获得民间借贷、还款能力差的借款人的成本较高；于是，民间借贷交易一旦形成，便具有较强的约束力，能够较好地克服逆向选择和道德风险问题。林毅夫和孙希芳（2003）建立金融市场模型，同时纳入具有异质性的中小企业、正规金融部门和非正规金融部门，结果显示非正规金融能够较好地克服正规金融部门中普遍存在的因信息不对称引起的事前逆向选择问题和事后道德风险问题。这再一次证明虽然正规金融部门在金融市场中处于主导地位，但是非正规金融部门在金融市场中所发挥的作用是正规金融部门所无法完全替代的。高帆（2003）指出，非正规金融是基于血缘关系或是友情形成的关系型信用关系，在村落社会中，一旦农户发生违约行为就会传播至整个村庄，对其产生不良影响，因此对于理性的借款者而言，农户会充分考虑该潜在的违约成本，于是非正规金融的违约率相对也比较低。

（二）民间借贷的利率水平

一般而言，民间借贷等非正规金融是存在利息成本的交易，其利率水平高于甚至明显高于正规金融的利率水平。民间借贷中的盈利性借贷一般利率较高，而非盈利性质的互助性借贷则一般没有利息成本或者利率水平较低（叶敬忠，朱炎洁和杨洪

萍，2004）。苏士儒、段成东、李文靖和姚景超（2006）以宁夏
农村的非正规金融为研究对象，结果显示非正规金融多为盈利
性的有息甚至是高息贷款。Hoff and Stiglitz（1990）指出，农村
的非正规信贷市场的利率处于较高水平。

有学者指出，非正规金融的利率水平是根据市场供求因素
调整的。何田（2002）认为，非正规金融的利率水平受价值规
律的调节，以资金价格为基准，随着资金的供求关系上下波动。
郭沛（2003）指出，相对于受国家管制的正规金融机构的利率
水平，非正规金融的利率相对较高，这主要是由于非正规金融
的交易更加市场化，利率水平充分反映了资金供求状况。

也有学者从加成角度解释非正规金融的高利率现象。张建军
等（2002）认为非正规金融一般是在经济主体无法通过正规金融
渠道获得贷款时发生的，于是非正规金融的利率水平以正规金融
的官方利率水平为基准，再纳入因借款主体的资信水平、借款的
用途和借款的期限引起的风险因素确定的，最终的利率水平会高
于正规金融同期的利率水平。张友俊和文良旭（2002）表示，平
均来看，非正规金融的利率水平要高于正规金融的利率水平，这
与民间借贷的风险水平密切相关。李恩平（2002）指出，非正规
金融组织为吸引资金，在吸收存款时的利率水平高于正规金融机
构的利率水平，作为对存款者的风险补偿；于是，其在为经济主
体提供贷款时会在正规金融机构的官方利率基础上额外收取风险
贴现，造成非正规金融机构的利率水平相对较高。

然而，Hoff and Stiglitz（1990）却认为正规金融和非正规金
融市场是相互分离的，利率水平也存在差异，很难具体确定哪
个市场的利率水平较高。

（三）民间借贷的影响

前期学者以正规金融为对照，对非正规金融的优势进行了
分析和阐述。和正规金融相比，民间借贷等非正规金融具有有

效克服信息不对称、担保机制较为灵活，且交易程序较为简便等特征（Hoff and Stiglitz，1990）。

信息优势。张建军、袁仲红和林平（2002）从民间借贷事前和事后两个方面入手，分析民间借贷回收率较高的原因。从事前来看，以民间借贷为代表的非正规金融一般多发生在亲戚朋友之间，交易双方交往较频繁；因此贷款方对借款方的收入情况、资信情况以及还款能力较为了解，从而能够识别出具有还款能力的借款人，进而克服因信息不对称引起的逆向选择问题。从事后来看，非正规金融交易发生后，一旦借款方无法按期归还贷款，一方面可能会使得原本的社会信誉等产生不良影响，另一方面非正规金融机构可能会通过其他手段回收贷款；因此，借款人会竭尽全力保障贷款按时归还，因此非正规金融能够在一定程度上克服因信息不对称造成的道德风险问题。刘民权、徐忠和俞建拖（2003）指出，非正规金融市场中的交易双方大多较为熟悉，贷款方对借款人的收入情况和还款能力等情况较为了解，于是贷款方能较好地把握借款方的还款能力，这可以在一定程度上缓解正规金融中普遍存在的信息不对称问题，尽量克服道德风险和逆向选择问题的发生。王晓毅（2003）表示，非正规金融借贷多是基于亲戚朋友等社会关系展开的，民间借贷过程中的社会网络发挥着重要的作用，因此，建立在社会关系基础上的非正规金融的借贷风险相对较小，能够克服信息不对称问题。

灵活的担保机制。Besley and Coat（1991）指出，非正规金融机构的贷款范围相对较小，对贷款者的收入情况、资信情况等较为了解，借贷双方社会关系可以作为交易的隐性担保。刘民权等（2003）指出，非正规金融具有担保优势。首先，非正规金融的交易双方一般居住地较为临近，因此一些在正规金融机构中不可以被作为担保品的物品可以在非正规金融中充当担保品，并且担保品的管理成本较低；其次，非正规金融很大程度是以社会关系为基础，因此社会信誉等成为交易中重要的担保。金烨和李宏彬（2009）指出，农户在向正规金融机构申请贷款时需要提供价值较高的担保品，但是在向非金融机构贷款时可以利用社会关系等作为担保。

交易成本优势。郭沛（2003）以正规金融为对比，从四个方面对非正规金融的优势进行了系统的阐述：一是非正规金融中介的交易成本比正规金融低；二是非正规金融的交易对象较为熟悉，对借款人的收入和信用状况较为了解，能够克服正规金融因信息不对称引起的逆向选择和道德风险问题；三是非正规金融事前和事后对信息不对称问题的克服有利于我国社会信用体系的建立和完善；四是非正规金融交易灵活。刘民权、徐忠和俞建拖（2003）指出，非正规金融机构的组织和运作较为简易、合同内容简单、操作简便，因此交易成本相对较低。

另外，还有学者指出，非正规金融能够促进一国经济增长。张建华和卓凯（2004）基于实证分析结果指出，非正规金融能够缓解中小企业的融资约束，进而促进一国经济增长。郭为（2004）建立实证分析模型，结果显示非正规金融能够显著促进一国经济增长。刁怀宏（2004）指出，积极推进非正规金融发展是拉动一国经济增长的重要途径。黄辉等（2010）表示，民间借贷利率能够较好地反映出资金的供求关系，有助于反映均衡利率水平。

非正规金融也存在着一定的不足。学者指出，以民间借贷为代表的非正规金融可能会对经济主体产生不良影响。江曙霞和秦国楼（2000）认为，非正规金融的规模较小，很难实现规模效应。刘民权等（2003）指出，非正规金融主要是在小范围开展的，主要局限于交易频繁的双方，因此交易范围和交易额度相对较小；同时，非正规金融游离于国家监管之外，经营的风险相对较高。郭沛（2003）认为，非正规金融的局限性是多方面的，如借贷利率水平较高，削弱了正规金融机构的存贷能力；非正规金融资金的回收可能涉及非法手段，削弱了中央银行的政策效力等。黄月冬和赵静芳（2008）认为，经济主体获得民间借贷后，由于民间借贷的利率水平较高，这会对企业造成较严重的利息成本，一旦到期无法偿还就会对企业造成不良影响。金烨和李宏彬（2009）指出非正规金融机构的法律保障不充分，极易发生纠纷，并且发生纠纷时的成本支出也较大。

　　还有学者表示，以民间借贷为代表的非正规金融会对整个社会造成负面影响。何绿野（1996）指出，非正规金融虽然交易范围较窄、交易额度较小，但是经过链条和交叉，其影响面也会比较广，一旦某个环节出问题，由此引起的债务危机可能会对社会整体经营产生影响，破坏社会信用状况。Hanke and Walters（1999）表示，一些非正规金融是非法运行，且贷款回收方式具有暴力性质，会对社会法律秩序造成不良影响。李进翠和张天娇（2011）指出，民间借贷游离于国家的监管之外，且未获得核准和登记，在利益的驱使下很可能从事非法交易行为。

2.3.3　民间借贷相关文献梳理

　　民间借贷是非正规金融的一种重要形式。赵泉民（2003）指出，民间借贷是在国家监管之外的、民间自发产生的一种金融借贷行为。李世新等（2009）认为民间借贷是与正规金融相对立的，是为了满足资金需求而在民间的企业或个人之间产生的借贷行为。张建军、袁仲红和林平（2002）指出民间借贷主要有两种形式，即居民个体之间发生的借贷行为和企业之间发生的借贷行为。其中，居民个体之间发生的借贷行为，其额度相对较小、灵活方便，就借贷成本而言，存在较大差异：如果是发生在亲戚朋友之间的贷款，多为非盈利性的，不会产生利息成本等；如果是发生在非亲戚朋友之间的贷款，则为盈利性质的，并且借贷成本较高，一般高于金融机构的利率水平。企业之间的借贷行为主要是出于短期资金周转，集中在生产或者收购旺季，该类贷款一般额度相对较大、期限较短、利率相对较低，多发生在具有长期合作关系、相互较信任的企业之间。

2.3.4 文献述评

对民间借贷与住房选择等相关文献进行系统梳理可以看出，前期文献对非正规金融的含义及正规金融与非正规金融的关系进行了细致的分析。同时，前期研究对民间借贷展开了详尽的阐述，包括民间借贷的含义、形成机制、利率水平以及其产生和发展的影响。并且其对民间借贷的研究主要针对两个领域：一是农村的民间借贷行为；二是民营企业的民间融资行为，就民间借贷对家庭购房决策影响方面的文献十分有限。基于此，本书将以我国的城镇家庭为研究对象，对 1998 年住房改革后民间借贷对家庭住房决策的影响分别进行分析，希望以此获得民间借贷在城镇家庭住房选择决策中所发挥的作用。

2.4 流动性约束研究现状

2.4.1 流动性约束的存在

早期的消费函数理论包括凯恩斯的绝对收入假说，杜森贝的相对收入假说，弗里德曼的永久收入假说和莫迪里亚尼的生命周期假说。

其中，永久收入假说和生命周期消费理论假定个人只要能最终偿还贷款，就能以与储蓄相同的利率获得信贷。在此假定下，消费者以效用最大化为目标进行跨期决策的最优消费水平是平滑的，其基本的作用机制是：消费者预期未来收入上升时，从金融市场借款来增加当前的消费；而当预期未来收入下降时，消费者减少当前消费，在金融市场上贷出，将当前节省下来的收入储蓄起来，以保证将来消费水平不会下降到最优消费水平以下。消费者有能力借钱消费就能借到钱，显然这是以完全信息和充分发达的信贷市场为前提的，即假设不存在流动性约束或信贷约束。

这些分析都假定消费者能准确预期未来的收入，并且可以自由地借入和贷出资金，即不存在不确定性和流动性约束。

Hall（1978）的随机游走假设认为消费是随机游走过程，消费的变化量是不可预见的，收入的变化不能预测消费的变化。

不完美资本市场下的消费选择和完美市场下是不同的（Ishikawa，1974；Pissarides，1978）。家庭的实际行为同持久收入假说相违背的主要原因是存在流动性约束（Hayashi，1985）。只要体制性障碍（比如缺乏消费信贷或资本市场不完全而导致信贷配给）存在，流动性约束就会产生（Stiglitz and Weiss，1981）。即使是在发达的金融市场上，由于信贷市场的信息不对称等原因，流动性约束是必然存在的；在发展中国家，除了信贷市场信息不对称的基本原因之外，信贷市场不发达使得流动性约束的情况更严重（汪红驹和张慧莲，2002）。

关于流动性约束的定义，学者从不同的角度进行了阐述。Zeldes（1989）认为流动性约束是由于消费者的资产水平较低造成的，将那些资产额低于两个月收入水平的消费者定义为面临流动性约束的群体；汪红驹和张慧莲（2002）指出，流动性约束又称信贷约束，是指居民从金融机构以及非金融机构和个人取得贷款以满足消费时所受到的限制；多恩·布什（2003）认为如果消费者无法获得借款维持当前的消费水平时，即为存在流动性约束。金晓彤和杨晓东（2004）对流动性约束的类型作了进一步的区分，认为流动性约束可以分为三个类型：即期流动性约束、远期流动性约束和理念类的流动性约束；并且，我国居民面临的主要是远期流动性约束和理念类的流动性约束两种。

前期学者也从实证角度证明了流动性约束的存在性。基于非完美资本市场条件下，Mishkin（1976）、King（1986）、Jappelli and Pagano（1989）基于时间序列数据检验了流动性约束的存在性；Hall and Mishkin（1982）、Bernanke（1984）、Zeldes（1989）基于面板数据检验了流动性约束的存在性。

流动性约束产生的原因是多方面的，主要可以归纳为四个因素：一是家庭财富因素，包括家庭的财富水平有限、不能将持有的财富变现、难以将现有财富作抵押获得贷款；二是信贷市场的信息不对称因素，这主要是由于信贷市场存在道德风险和逆向选择，使均衡的信贷利率高于信息对称情况下的均衡利率；三是信贷市场本身不发达，主要表现为消费信贷的规模和种类不够多；四是法律法规因素，主要表现为破产程序较严、取消贷款抵押回赎权的期限较长、贷款者在审查贷款人资格时更加谨慎和严格（汪红驹和张慧莲，2002）。需求和供给两方面的作用必然提高消费信贷约束的程度。

就中国而言，我国家庭也面临着流动性约束。就我国流动性约束产生原因来讲，主要有以下几个方面：首先，改革引起的不确定性强化了我国的流动性约束程度（万广华等，2001），一方面我国逐步推行的市场化改革加剧家庭面临的系统风险和个体风险（袁和宋，1999）；另一方面是中国在住房、就业、教育以及医疗保健等方面推行了一系列改革，加剧了家庭面临的不确定性（万广华、张茵牛和建高，2011）。其次，中国是机构主导型金融系统，四大国有商业银行处于主导地位，金融市场发展还不完善；由于银行开展消费信贷业务的时间较短，大部分中国居民还没有形成靠银行贷款购买商品的观念。上述这些变化使得居民个人消费的流动性约束不断加剧。即使居民想要购买涉及大量现金支出的商品，他们也会被迫推迟这一消费，直到其积累了足够的流动性资产。这种强制性储蓄的产生，不是由于消费品的缺乏，而是因为缺乏流动性；日益严重的收入不平等意味着更多居民的收入下降到平均线以下，因此，流动性约束可能会影响到越来越多的家庭。

2.4.2 流动性约束的测量

在实证分析中，衡量家庭流动性约束的指标主要有三种方式。首先，直接使用经济指标度量流动性约束程度，主要有失业率（Carroll，1992；Flavin，1985）、金融净资产（Atsushi，1993）、家庭收入的波动性（Luis Diaz Serrano，2005）、家庭的收入水平（David and Nan Zhou，2000；欧阳俊、刘建民和秦宛顺，2003）、家庭收入增长的不确定性（万广华、张茵牛和建高，2011）。

其次，Linneman and Wachter（1989）以美国家庭为样本，通过构建收入约束程度和财富约束程度两个指标对流动性约束进行度量；随后，Luis Diaz - Serrano（2005）、Haurin et al.（1997）、Bourassa（1995）等在该分析框架下对流动性约束进行度量，并分析流动性约束对消费的影响。

另外，Rosenthal（2002）通过建立双变量 Probit 模型，依托于"家庭向银行借款时是否成功获得贷款"等问题的回答，对流动性约束程度进行度量。随后，李锐和朱喜（2007）、刘西川等（2009）、陈恩江和刘西川（2010）、杨丹和高汉（2012）、胡新杰和赵波（2013）等运用双变量 Probit 模型对家庭的流动性约束进行测度。

2.4.3　流动性约束对消费的影响

国外研究表明，难以获得信用（Duesenberry，1949）、非对称借贷利率（Pissaride，1978）、体制性障碍（Stiglitz and Weiss，1981）等均可能导致消费者面临流动性约束。此时，消费者不能以正常价值出售非人力资产或无法以市场利率水平获得足量借款，由于缺乏可交易性资产或借款能力的缓冲，收入下降将导致消费缩减（Flemming，1973），实际消费与收入短期变动显著正相关，消费增长与流动性特征变量显著负相关（Flavin，1985）。

Deaton（1991）的研究表明，在不确定性条件下，流动性约束型消费者的行为变化与收入变量的统计分布有关。如果其收入流量呈正向相关，与非流动性约束型消费者相比，流动性约束型消费者倾向于增加储蓄，以保持大量的缓冲资产存量。并且，流动性约束程度越高，消费在不同时期间的转换能力就越差，由此会产生更多的谨慎储蓄。

叶海云（2000）从理论上证明，伴随消费结构变化而产生的流动性约束迫使中国居民不得不确立短期储蓄目标，其现期消费水平不是由现期流动性资产和收入水平而是由短期收入流和短期储蓄目标决定，故而现期消费低于最优水平。但他没有为这一结论提供实证证据。

万广华等（2001）从实证的角度，根据 Han（1978）的分类方法，运用扩展敏感性检验方法分析了我国居民流动性约束问题。他们认为 1983 年以后流动性约束型消费者所占比重的上升以及不确定性增大造成了中国当前的低消费增长与内需不足。但其研究未能注意到如下事实：扩展敏感性检验只能说明是否存在短视消费者，而不能确定短视消费是否由流动性约束引起。

Flavin（1985）研究表明流动性约束与消费负向关。以中国家庭为研究对象，消费增长同流动性约束负向变动（欧阳俊、刘建民和秦宛顺，2003）。

流动性约束从两个途径降低消费：第一，当前的流动性约束会使一个人的消费比他想要的消费少。如果消费者受到严重的流动性约束，那么消费者就不能顺利地平滑一生中的消费。当消费者处于低收入阶段时，即使他预期未来收入水平较高，但他借不到钱，所以只能进行低消费。消费者提高消费水平的惟一途径是自己积累财富或者等待高收入时期到来。第二，预期未来可能发生流动性约束同样会降低现期消费。例如，假设在下一期存在收入降低的可能，如果没有任何流动性约束，个人会通过借款来避免消费锐减，但是如果有流动性约束，那么收入下降就会引起消费下降，除非个人拥有储蓄。因此，流动性约束的存在会导致个人减少现期消费，增加储蓄（汪红驹和张慧莲，2002）。

2.4.4 流动性约束对家庭购房的影响

随着我国经济的不断发展，家庭的食品和家用电器消费逐渐饱和，这预示着中国城镇居民的消费结构将面临重大调整，住房和汽车可能成为居民消费的重要组成部分。如果说汽车消费在中国涉及较高的道路成本和环境污染成本，难以一下子推广，那么推动城镇居民的住房消费将是启动中国消费需求的一个有效途径（袁志刚和宋铮，1999）。

除了住房分配制度改革没有彻底到位以及由此产生的观念转变尚未形成等因素以外，阻碍住房消费发展的另一个重要原因还在于中国城镇居民在住房消费方面面临着较强的流动性约束（袁志刚和宋铮，1999）。

除了 Mishkin（1976）、Bernanke（1984）之外，作者均针对流动性约束对非耐用品消费的影响开展研究。Bernanke

（1984）针对家庭的摩托车开展了研究。

流动性约束会阻碍那些倾向于购房的家庭购买住房或者会使得家庭实际购买的住房量小于最优的住房量（Bourassa，1995）。Linneman and Wachter（1989）以美国家庭为样本，通过构建收入约束程度和财富约束程度两个指标对流动性约束进行度量，实证结果表明流动性约束会降低家庭拥有住房的可能性。在 Linneman and Wachter（1989）的分析框架下，一系列文章就流动性约束对住房决策的影响效果展开分析。Luis Diaz–Serrano（2005）以意大利家庭为研究对象，结果表明流动性约束对家庭拥有住房的概率具有负向影响；Haurin et al.（1997）的研究结果表明美国的年轻家庭中存在的融资约束会对家庭的住房决策产生影响，并表现为负向变动关系；Bourassa（1995）以澳大利亚家庭为研究对象，结果表明流动性约束与家庭住房拥有概率呈负向变动关系；Barakova et al.（2003）以美国家庭为研究对象，表明流动性约束同家庭的住房拥有概率呈现负向变动关系。

就收入约束和财富约束对家庭住房拥有概率的影响效果来看，财富约束对住房拥有概率的负面影响程度要大于收入约束（Barakova et al.，2003；Linneman et al.，1997）。

Rosenthal（2002）通过问卷"家庭申请贷款时是否被拒绝或者获得贷款额小于申请额"的回答来度量流动性约束程度，结果表明流动性约束的家庭拥有住房的可能性较低。Maki（1993）对日本家庭展开研究，以金融净资产衡量流动性约束，结果表明流动性约束会对家庭的住房决策产生影响。

2.4.5 文献述评

通过梳理前期文献可以看出，国外就流动性约束对家庭消费的影响进行了详尽的分析，为进一步研究流动性约束、家庭消费等提供了分析框架。然而，就我国家庭展开的研究来看，主要集中在流动性约束对非耐用品的消费方面，较少就流动性约束对家庭住房消费的影响展开研究。基于此，本书将以我国城镇家庭为研究对象，就流动性约束对家庭住房决策影响效果进行分析。

2.5　本章小结

　　本章主要对本书涉及的国内外相关文献进行梳理，主要从三个方面展开：一是家庭住房需求与住房选择的研究现状；二是外部融资研究现状；三是流动性约束研究现状。通过文献梳理，可以看出：

　　第一，对住房需求与住房选择的文献梳理主要是从理论分析和实证分析两方面进行的。家庭住房需求可以划分为住房消费需求和住房投资需求，其中住房消费需求主要体现为对住房服务的需求，家庭通过租赁住房的方式就可以实现；住房投资需求主要表现为对住房资产的需求，家庭只有购买住房才可以获得。国外对住房需求以及住房消费需求和住房投资需求的研究相对较早，对住房需求的划分也较为细致；理论研究主要集中在对家庭租赁住房和购买住房决策方面。相对比而言，国内的研究则较为单一，并且局限于对住房投资需求的分析，在假设住房价格满足随机波动的前提条件下，建立模型，求解决策最优点。

　　就国内外有关住房需求实证分析梳理发现，国外对住房需求开展的研究较为丰富，多个国家在住房租赁和购买决策模型框架下开展实证分析；相对比而言，就我国住房需求开展的实证分析主要是基于宏观层面，目前基于微观数据分析我国家庭的住房选择的文献较为稀少。

第二，前期文献对以商业银行为代表的正规金融体系进行了明确的界定。以银行等金融机构和家庭住房行为为入手点开展的研究主要集中于个人住房贷款风险，分析个人住房贷款存续期间的违约行为决策和影响因素。但是，针对银行信贷对家庭住房决策影响方面的文献相对较少。

第三，前期文献对非正规金融的含义及正规金融与非正规金融的关系进行了细致的分析。同时，前期研究对民间借贷展开了详尽的阐述，包括民间借贷的含义、形成机制、利率水平以及其产生和发展的影响。并且对民间借贷的研究主要针对两个领域：一是农村的民间借贷行为；二是民营企业的民间融资行为，就民间借贷对家庭购房决策影响方面的文献十分有限。

第四，国外就流动性约束对家庭消费的影响进行详尽的分析，为进一步研究流动性约束、家庭消费等提供了分析框架。然而，就我国家庭展开的研究来看，主要集中在流动性约束对非耐用品的消费方面，较少就流动性约束对家庭住房消费的影响展开研究。

本书将基于前期文献的研究成果，以我国城镇家庭为研究对象，基于2012年中国家庭金融调查数据，分析外部融资对我国城镇家庭住房选择的影响，具体从银行信贷和民间借贷两个维度展开分析。具体表现为：首先，银行信贷对家庭住房选择的影响。由于流动性约束是家庭在寻求银行信贷中较为普遍的现象，这一部分将具体从两方面展开：一是银行信贷与家庭住房选择，二是流动性约束与家庭住房选择。其次，分析民间借贷对家庭住房选择的影响。

3

我国住房制度改革与城镇
家庭住房现状分析

3.1　我国住房制度改革回顾

　　住房制度包括住房的供给制度、住房分配与消费制度、住房产权制度以及住房管理制度。住房制度的产生和发展会受到国家的经济体制、经济发展水平、价值观念以及消费习惯的影响。

　　城镇住房制度改革是我国制度改革的重要方面，是针对我国城镇家庭住房体制实施的改革。从概念上来讲，住房制度改革主要针对传统的福利分房政策实施，以市场经济为指导，建立符合市场经济体制的住房制度，以实现城镇住房的商品化。自中国改革开放以来，住房体制改革对我国宏观经济及微观主体的影响十分显著。

　　住房改革的实施并非一蹴而就，也是分阶段、分步骤，在不断地探索和调整中开展。具体来看，我国住房制度改革可以分为四个阶段，分别为：住房改革的探索和试点阶段、住房改革全面实施阶段、住房改革综合配套改革阶段和实物分房的终结阶段。

3.1.1　住房改革的探索和试点阶段（1978—1985 年）

　　新中国成立初期，我国的住房建设十分缓慢，住房供给相对有限，无法满足城镇职工的住房需求。另外，当时我国实施的是福利分房政策，国家和企业承担了城镇职工的住房问题，这为国家和企业形成较为沉重的负担。于是，城镇居民的住房问题成为国家、企业和职工面临的重要难题。

　　自 1978 年改革开放以来，国家和企业积极寻求解决城镇住房问题的突破口：一方面增加住房的投资力度、提高住房供给量；另一方面，积极探索城镇住房制度改革的新思路。1978 年邓小平就住房制度改革发表谈话，这成为我国城镇住房制度改革的标志。1978 年 6 月，《全国基本建设工作会议汇报提纲》出台，住房商品化政策被正式提出并实施。1978 年 9 月，邓小平提出了住房制度改革的主要思路，基本思想主要是：拓宽住房问题的解决途径，允许家庭等私人建造房屋或是私建公助，实施分期付款；长期而言，要关注房地产等市场的发展。1980 年 4 月，邓小平深刻剖析住房制度改革的要害，提出住房制度改革要实施城镇住房的商品化，这正式揭开了住房改革的序幕。

　　1982 年，国家针对城镇职工居民购买新建住房设计了"三三制"住房补贴出售方案，具体由国家、企业和职工各承担三分之一。该补贴出售方案在常州、郑州、沙市、四平四个城市为试点展开。试点城市的购房情况反映出城镇职工存在购房需求并且确实存在一定的购房能力；但是也暴露出一定的问题，主要表现为该补贴出售方案并没有改变传统的低租金制度，住房租赁和住房购买的成本差异十分不合理，造成城镇职工购买住房的动力不足，引起住房投资不畅、住房建设资金循环受阻，这也为国家和企业带来沉重的压力和负担。于是，1985 年国家停止了"三三制"住房补贴出售方案。

　　在吸取和总结"三三制"住房补贴出售方案的经验和教训后，1985 年国家设计并提出了租金制度改革方案，该方案的核心思想是"提租补贴、租售结合、以租促售、配套改革"。1986 年烟台、唐山、蚌埠作为试点城市开始实施租金制度改革方案。在该方案的指导下，住房租金以准成本起步，每个月的租金从最初的每平方米 0.07 ~ 0.08 元上涨到 1 元左右，这相当于由维修费、折旧费、投资利息和房产税五部分构成的成本租金的 70% ~ 80%；同时，住房则依照标准价出售，出售价款包括房屋建筑造价、征地费用和拆迁补偿费用等。租金制度改革方案从根本上撼动了传统的住房福利观念，国家、企业和职工个人之间的利益得到协调，这次的试点为进一步开展住房制度改革提供了新的思路。

3.1.2 住房改革全面实施阶段（1986—1993 年）

随着烟台、唐山、蚌埠等城市试点实施租金制度改革方案的成功，1986 年之后，住房制度改革开展得如火如荼，取得重大突破。1986 年 2 月，"住房制度改革领导小组"正式成立，负责全国住房改革工作的领导与协调。这一时期，住房改革的主要工作重点是以传统住房体制中的低租金制为着眼点，以大幅度提高租金补贴为主。

1988 年，第一次全国住房体制改革会议正式召开，会上提出《关于在全国城镇分期分批推行住房制度改革的实施方案》。该方案提出了住房制度改革的基本思路：首先，要切实推进提租补贴和租售相结合，并且支出成本租金主要由维修费、房产税等五个方面的因素构成；其次，随着住房制度改革的深入，调整工资结构，将住房补贴纳入工资核算，同时将租金由之前五个因素构成的成本租金拓宽到八个构成因素形成的市场租金，除成本租金之外，进一步纳入土地使用费、保险费以及利润。该方案的出台进一步明确了住房改革的具体目标、实施步骤和政策导向，全面部署了住房制度改革的进程与改革方向，同时也标志着我国的住房制度改革步入全面实施阶段。

1988 年中后期，我国发生了较为严重的通货膨胀，物价水平持续上升，这给提租补贴方案的顺利开展形成较大的障碍。面对这种局面，部分城市试图通过在标准价基础上给予一定折扣的方式刺激居民的住房需求，进而出售房屋，回收住房投资资金。这一时期，低价出售住房取代租售结合的方案遇到较大困难，随后国务院住房改革办公室对这种作法明令禁止。

1991 年 6 月，《关于继续积极稳妥地进行城镇住房制度改革的通知》出台，一方面，提出要有计划、有步骤地将公有住房租金提高到成本租金水平；另一方面，指出职工购买公有住房时，如果住房面积在规定的范围内则依照标准价。1991 年 11 月，国务院进一步出台了《关于全面进行城镇住房制度改革的意见》，提出住房制度改革的总体目标为：以改革传统公有住房低租金制度为突破口，将公有住房实物福利分配制度逐渐过渡为实行货币工资分配制度，住户可以通过购买住房或者租赁住房两种方式获得住房的所有权或者使用权，将住房作为商品投入市场中，促进住房投资资金与住房资金回收的有效循环。《关于全面进行城镇住房制度改革的意见》为这一时期的住房制度改革明确了指导思想和目标，标志着我国的住房制度改革将由探索和试点阶段步入综合配套阶段。

在这一时期，各城市也陆续推进住房制度改革，部分大型城市的住房制度改革较为规范，但是也存在部分中小城市的改革情况不理想，这些中小城市不断提高优惠折扣比例，造成住房制度改革再一次陷入低价售房局面。因此，1992 年 6 月，在住房制度改革工作会议中，住房制度改革进程再一次叫停。

3.1.3 住房改革综合配套改革阶段（1994—1998 年）

1994 年 7 月，随着《关于深化城镇住房制度改革的决定》的出台，我国的住房制度改革再一次启动。该决定提出这一时期住房制度改革的根本目标和基本内容。根本目标具体为：城镇住房制度改革应当与我国的社会主义市场经济体制相协调，逐步实现住房的商品化和社会化，加快我国的住房市场建设，不断改善我国城镇家庭的居住环境，满足城镇居民日益增长的住房要求。

这一时期住房制度改革的基本内容为"三改四建",具体的含义为:

"三改"主要是针对计划经济体制下的传统福利性住房体制而言,具体包括三个方面:一是将国家和企业包揽的住房体制逐步改变为由国家、企业和城镇职工个人三方共同负担的住房制度体制;二是将国家、企业建造、分配、维修和管理住房的住房制度不断过渡到商品化、社会化和专业化的市场运行机制;三是将传统的以住房实物形式的福利分配形式改变为以按劳分配为主旨、货币工资形式为主的分配方式。

"四建"是指建立适应社会主义市场经济体制的住房制度,主要包括四方面的内容:一是以中低收入家庭为对象建立具有保障性质的经济适用房类住房供给系统,以高收入群体家庭为对象,建立市场化的商品房供给系统;二是建立住房公积金制度;三是鼓励住房金融和保险,建立政策性信贷和商业性信贷相结合的住房信贷供给系统;四是建立配套的、规范化的住房交易市场以及房屋维修和管理市场体系。

随着《关于深化城镇住房制度改革的决定》出台,各地区纷纷依据本地区特征制定住房改革执行方案,推动了住房公积金制度的实施,在提高公房租金和出售公房等方面获得较大进步。

1995年12月,在上海举行和召开了全国住房改革经验交流会,一方面对1995年以来的住房改革情况进行汇报和总结;另一方面部署了"九五"期间以及下一年的住房改革工作安排。全国住房改革经验交流会的召开不但标志着全国的住房改革正朝着《关于深化城镇住房制度改革的决定》的基本思路开展,同时也标志着我国的住房改革正式进入全面推进和综合配套改革阶段。

1996年8月,国务院下达了《关于加强住房公积金管理的意见》，国务院办公厅及时转发，该意见进一步细化了住房公积金制度，明确了住房公积金的管理机制，指出住房公积金主要是针对城镇职工个人的住房基金，这再一次推动了我国住房公积金制度的发展。

3.1.4　实物分房的终结阶段（1998 年 7 月至今）

1998 年 7 月，随着《关于进一步深化城镇住房制度改革加快住房建设的通知》的发布，我国住房制度改革又向前迈进了一步，极大地促进了与社会主义市场经济体制相适应的城镇住房体制的建设进程。

该通知要求，从 1998 年下半年起停止住房的实物分配体制，实现住房分配的货币化；同时，该通知构建和完善了以经济适用房为主体的城镇住房供给体系。该体系的基本内容主要体现在以下几个方面：

一是以发展经济适用房为重点，逐步调整住房的投资结构，以解决城镇居民中的低收入群体的住房问题。新建造的经济适用住房按照政府的指导价出售，以保本微利为定价原则；另外，经济适用房的成本主要由七个方面的因素构成，包括征地及拆迁补偿费、勘察设计及前期的工程投入费、建造工程费用、住宅小区内的基础设施费、企业的管理费用、贷款利息成本和税金等；经济适用房建造过程中，为保障建成的经济适用房的售价能够在中低收入家庭购买力的承受范围之内，要求开发商的获利幅度不得超过 3%。

二是住房供给政策表现出差异性，对不同收入层次的家庭制定不同的政策。对于收入最低的那部分家庭，住房保障的基本原则为提供租赁补贴为主、实物配租和租金核减为辅。这部分最低收入的家庭可以租赁由政府或者企业提供的廉租住房；廉租住房可以通过两种途径提供，即从旧的公有住房中调剂或者由政府、单位出资建造；城镇家庭中符合最低收入条件的家庭的人均廉租住房保障面积一般不可以超过当地人均住房面积的五分之三，同时廉租住房的租金由维修费和管理费两部分构成，具体数额由政府规定。对于城镇家庭中的中低收入群体，住房主要是通过家庭购买经济适用房等普通商品住房解决；经济适用房主要是一些中小户型的住房，是具有保障性质的商品住房，政府给予一定的优惠或折扣，同时建设标准、供给群体和出售价格具有一定的限制条件。对于城镇家庭中的高收入群体，主要是提供商品房，这些家庭可以通过购买或者租赁方式获得，并且购买或者租赁价格根据市场价格调节。

三是发放一定的住房补贴。停止住房的实物分配体制，实现住房分配的货币化后，城镇职工购房的资金主要来自于职工的工资收入、住房公积金。同时，职工也可以根据家庭的具体情况向银行申请个人住房贷款，甚至有些地方的政府或者企业会向那些无房和住房面积尚没有达到标准的职工提供一定的住房补贴等。

1998 年年底，我国全面实现了住房分配货币化，这是我国住房制度改革的里程碑。随着住房制度改革的不断深入，我国城镇居民的住房条件得到极大的改善；同时住房市场的改革也拉动了房地产市场的发展，这对提高居民生活水平和推动我国经济增长都发挥了积极作用。但是，在住房分配货币化过程中，也暴露出一些问题。主要体现在以下几方面：为城镇居民发放的住房补贴还无法达到令居民满意的水平，同时也加剧了房价的不断上涨；部分城市住房供给与需求间的矛盾进一步恶化；房地产市场体系还不健全，房地产开发商在开发和交易过程中仍存在大量的不规范行为等。

2003 年，《国务院关于促进房地产市场持续健康发展的通知》出台，通知中指出，要将住房市场化作为住房改革的基本指导，逐步构建和完善我国房地产市场体系，充分发挥市场在住房资源配置中的作用。2003年以来，我国政府不断推进住房制度改革进程，并进一步加大对房地产市场的调控力度。同时，国务院先后出台一系列文件，指出要在稳定住房价格的同时构建符合社会主义市场经济的住房体制，建立符合我国国情的住房保障制度。

在政策指导下，各地政府积极制定符合当地实际情况的方案。在稳定住房价格方面，将用以满足城镇居民居住需求的中低价位和中小户型类商品房作为重点发展对象，重点增加中低价位的商品房和经济适用房的建造和供应量。在住房保障制度构建方面，推进城镇廉租住房制度建设，逐步拓宽廉租住房的覆盖范围；对经济适用房的建设要严格控制，建造要控制在中小类户型，出售价格也要控制在一定的范围内；大力发展和完善住房的流转市场和住房租赁市场，提高住房市场的流动性。

2007年8月，《关于解决城市低收入家庭住房困难的若干意见》出台，该意见再一次强调了不同收入群体的住房供给政策，基本思想为：对城镇居民中的低收入群体，住房供给主要以廉租住房为主，经济适用住房为辅；对城镇居民中的中等收入群体，住房供给主要是依据各地具体情况通过限价商品房和经济适用房两种方式解决；对于城镇居民中的高收入群体，住房供给主要是通过商品房解决，住房价格以市场价为基础。这是我国住房制度改革的又一新的里程碑。2007年11月，温家宝总理再一次阐述了我国住宅政策的基本原则，即廉租房解决低收入群体的住房需求，经济适用房满足中等收入家庭的住房需求，商品房用以满足高收入群体的住房需求。

通过回顾我国城镇家庭住房制度改革历程可以看出，住房改革主要是实现住房由传统的福利分房政策逐步过渡到住房商品化和货币化的发展历程，是为了适应我国社会主义市场经济发展的必要转变。住房制度改革主要针对我国的城镇居民和城镇家庭，希望通过改革满足不同收入阶层的住房需求，改善城镇家庭居住条件。随着住房制度改革的不断推进、住房制度新体系的建立，目前我国城镇家庭的住房环境发生了翻天覆地的变化，表现出新的特征。

为了更直观地了解我国城镇家庭的住房现状，本书后续部分将以 2012 年中国家庭金融调查的微观数据为基础，以我国城镇家庭为研究对象，通过描述性统计方式对我国城镇样本家庭的租赁住房情况、自有住房情况以及家庭在购买或建造住房时的融资渠道和融资规模进行分析。

3.2 我国城镇家庭住房现状分析

中国家庭金融调查数据是 2012 年西南财经大学偕同中国人民银行金融研究所一同开展的一项全国性家庭调查。该数据主要囊括了中国家庭 2011 年的资产、负债、收入和支出等方面的微观信息。为了保证调查样本具有随机性和代表性，能够充分反映我国家庭的资源配置、消费和储蓄等结构特征，具体的调查设计十分严谨，力求在以下几方面给予保障：首先，经济富裕地区的样本比例相对较大；其次，城镇地区的样本比重相对较大；最后，样本的地理分布较为均匀。

中国家庭金融调查数据主要是针对中国家庭的金融资产配置开展的，调查的方式为入户调查，调查的目的是获得中国家庭金融领域的相关微观数据，以期为国家、科研机构和金融机构等服务。

整体来看，中国家庭金融调查项目的整体抽样设计分三个阶段实施，逐步深入。第一阶段的抽样范围为我国除西藏、新疆、内蒙古和港澳台地区外的其他城市和地区，总计从2 585个市或县抽取80个为调查样本；第二个阶段则针对具体的市或县，直接从中随机地抽取居委会或村委会，具体抽取到320个居委会或村委会，并且城镇样本同农村样本的比例为181∶139；第三个阶段是在抽样的居委会或村委会中确定受访住户。

为了保障最终获得的数据真实、可靠，中国家庭金融调查项目在调查前、调查过程中和调查结束后都积极展开工作给予保障：一是调查前的访员培训与社区联络；二是调查过程中的访问流程控制；三是调查结束后的数据核查。

中国家庭金融调查项目对绘图员的培训内容包括读图、绘图、抽样及软件使用等；对访员的培训内容则包括访问技巧、问卷内容、电子问卷系统和访问管理系统，并且在培训结束时对访员的学习情况进行考核。社区联络则主要由中国人民银行分支机构的工作人员协助完成，以取得受访户的信任与理解。

中国家庭金融调查项目调查过程中的访问流程控制也较为细致和严谨。调查中主要使用具有自主知识产权的棉纺系统与配套管理平台，全面实现电子化入户访问，有效减少人为因素引起的非抽样误差。同时，质量监控系统也十分完善，具体包括严格的样本管理、详细的访问管理系统。

在项目调查过程中，访员会详细记录每次与受访户接触的相关信息，一方面有助于分析拒访原因，另一方面可以防止访员较随意地更换样本。另外，每次的访问都实施录音记录，访问结束后通过抽样的录音核查和电话核查核实获得样本的准确度。

这部分就将以2012年中国家庭金融调查的微观数据为基础，以我国城镇家庭为研究对象，通过描述性统计方式对我国城镇样本家庭的租赁住房情况、自有住房情况以及家庭在购买或建造住房时的融资渠道和融资规模进行分析，以期掌握我国城镇家庭的住房特征。在具体的分析中不仅涉及我国城镇家庭的住房情况，同时以我国的农村家庭为对照组，希望通过城镇家庭和农村家庭的对比分析更好地反映我国城镇家庭的住房现状和住房特征。

2012 年调查获得的中国家庭金融调查数据中，家庭成员是指与家庭有经济联系的几类人群，具体包括居住在家的家庭成员，另外还包括外出读书、外出打工或工作、出家、探亲访友、服刑、参军或服役、出国或出境留学工作、已结婚搬出居住。2012 年中国家庭金融调查研究中心发放的问卷中共收集到 8 438 户有效样本，其中关于家庭成员个人的信息样本为29 463人。调查结果显示，平均每个家庭的家庭成员约为 2.94 人，其中城镇家庭的家庭规模约为 2.67 人。

8 438 户样本家庭中提供了房产相关信息的样本共计8 437户，其中城镇户籍家庭为 3 996 户，占到总体样本的47.36%。

3.2.1 自有住房情况

(一) 自有住房拥有率

在 8 438 个有效样本中，拥有自有住房的家庭共计 7 566 户，自有住房拥有率①达到 89.68%。其中，受访的 3 996 户城镇家庭中有 3 412 户家庭拥有自有住房，城镇地区的自有住房拥有率为85.39%；相比而言，受访的 4 441 户农村家庭中 4 112 户家庭拥有自有住房，自有住房拥有率达到 92.60%。由此可见，我国城镇家庭的自有住房拥有率低于农村。(见表 3 - 1)

---

① 本文中提到的自有住房拥有率是指样本家庭中拥有自有住房家庭的占比。

表 3 – 1 自有住房拥有率

项目 \ 样本	全国	城镇	农村
拥有自有住房的户数（户）	7 566	3 412	4 112
自有住房拥有率（%）	89.68%	85.39%	96.60%

数据来源：《中国家庭金融调查报告·2012》

（二）持有住房数量

中国家庭金融调查数据显示，2011 年中国城镇有房家庭户均拥有的住房平均为 1.22 套，已经超过一套；相对比来看，农村有房家庭户均拥有的住房数量为 1.15 套。拥有住房家庭的住房数量在城乡间也存在差异：城镇家庭中 11.88% 的家庭尚没有自有住房，69.05% 的家庭仅拥有 1 套自有住房，15.44% 的家庭拥有 2 套住房，3.63% 的家庭拥有的住房数量达到 3 套以上；农村家庭中仅有 5.28% 的家庭还未拥有自有住房，80.42% 的家庭拥有 1 套自有住房，12.20% 的家庭自有住房数量达到 2 套，2.10% 家庭的自有住房数量达到 3 套以上。（见表 3 – 2）

表 3 – 2 拥有不同住房数量家庭占比 单位：%

套数 \ 样本	城市	农村
0 套	11.88	5.28
1 套	69.05	80.42
2 套	15.44	12.20
3 套以上	3.63	2.10

数据来源：《中国家庭金融调查报告·2012》

总体来看，仅拥有 1 套房的家庭占比较高，没有住房的家庭相对较少，而占有 3 套以上自有住房的家庭仅为少数；城镇地区中仅拥有 1 套自有住房的家庭占比低于农村，而没有住房的家庭、拥有 2 套及拥有 3 套以上住房的家庭占比高于农村。这可能是由于城镇地区的住房价格相对较高，部分家庭没有能力购买住房，造成城镇地区没有住房的家庭占比相对高于农村地区；另外，城镇地区也存在部分家庭财富水平、收入水平较高，这部分家庭会选择将住房作为投资品，于是城镇地区拥有 2 套或者 3 套以上住房的家庭占比高于农村地区。

（三）人均住房面积

中国家庭金融调查数据显示，2011 年中国城镇家庭的人均建筑面积为 38.89 平方米，住房人均使用面积为 33.76 平方米（见表 3 - 3）。可以看出，我国城镇家庭人均使用面积相对较高。另外，2011 年农村家庭的人均建筑面积达到 49.04 平方米，人均使用面积为 39.57 平方米，这反映出我国城镇家庭的人均建筑面积和人均居住面积均比农村家庭小。

表 3 - 3 　　　　　　　　城乡人均住房面积

人均面积 ＼ 样本	城市	农村
人均建筑面积（平方米）	38.89	49.04
人均使用面积（平方米）	33.76	39.57

数据来源：《中国家庭金融调查报告·2012》；对于拥有 2 套以上住房的家庭，以家庭实际居住的那套住房进行计算。

（四）住房获得方式

城镇和农村家庭获得住房的方式差异性较大（见表 3 - 4）。城镇家庭获得自有住房的主要方式为购买商品房，占到城镇有房家庭的 45.14%；其次是自建或扩建、以低于市场价从单位购买，分别占到城镇有房家庭的 17.11% 和 15.26%。农村家庭的住房获得方式则主要以自建或扩建方式为主。

表 3-4	城乡家庭住房获得方式占比	单位:%
获得方式＼样本	城市	农村
购买商品房	45.14	8.7
购买经济适用房	2.23	0.57
继承或赠与	3.92	6.38
以低于市场价从单位购买	15.26	0.25
集资建房	6.22	1.02
自建扩建	17.11	80.34
拆迁换房	7.32	1.23
其他	2.80	1.51

数据来源:《中国家庭金融调查报告·2012》

（五）住房产权形式

目前，我国的住房产权形式主要有部分产权、全部产权、小产权、集体土地使用权和其他产权等，其中全部产权房占到绝对比例（见表 3-5）。城镇家庭中全部产权房家庭占到城镇拥有住房家庭的 82.06%，农村家庭中全部产权房家庭占到农村拥有住房家庭的 64.98%；在农村地区，存在一大批集体土地使用权性质的住房，大约为农村地区拥有住房家庭的 27.80%；另外，部分产权住房在城镇地区和农村地区分别占到 5.03% 和 3.84%，小产权房在城镇地区和农村地区分别占到 4.09% 和 2.67%。

表 3-5	住房产权形式占比	单位:%
产权＼样本	城市	农村
部分产权	5.03	3.84

表3-5(续)

产权＼样本	城市	农村
全部产权	82.06	64.98
小产权	4.09	2.67
集体土地使用权	7.06	27.80
其他	1.76	0.71

数据来源:《中国家庭金融调查报告·2012》

（六）住房获得成本与估计市值

家庭的第一套、第二套和第三套住房是根据家庭获得住房的先后时间定义的（见表3-6）。可以看出:首先,城市家庭的住房购置价明显高于农村家庭。其次,获得住房的时间越靠后,住房的历史获得成本即购置价的均值和中位数越高;这可以在一定程度上反映出房价日渐飙升的趋势;另外,购买住房越早,住房资产带来的平均收益率越高,并且城镇家庭的住房收益率明显高于农村家庭;这可以在一定程度上解释近些年我国住房市场现状,即面对较高的住房投资收益率,有支付能力的家庭更倾向于投资住房资产,并且这种现象在城镇家庭中表现得更加明显。

表3-6　　　　　住房成本与市值情况

样本	项目	第一套		第二套		第三套	
		均值	中位数	均值	中位数	均值	中位数
城市	历史获得成本（万元）	19.10	6.75	39.33	27.50	62.03	47
	当前估计市值（万元）	84.10	30	95.67	57	122.01	82
	平均收益率（%）	340.31	344.44	143.25	107.27	96.7	74.47

表3-6(续)

样本	项目	第一套		第二套		第三套	
		均值	中位数	均值	中位数	均值	中位数
农村	历史获得成本（万元）	6.28	2.5	16.39	10	22.75	12
	当前估计市值（万元）	18.34	8	31.68	15	40.34	24
	平均收益率（%）	192.04	220	93.29	50	77.32	100

数据来源：《中国家庭金融调查报告·2012》

3.2.2 住房融资情况

（一）住房融资途径

家庭在购买、维修、扩建或装修住房过程中，会选择多种方式进行外部融资，其中两种最主要的方式是银行贷款和民间借贷。

就银行贷款方式而言，家庭没有获得银行贷款的原因主要有：不需要贷款；需要贷款，但是没有申请贷款；申请贷款但是被拒绝。其中，贷款被拒绝的原因也是多方面的，受访家庭指出主要有以下九个原因：一是有贷款未还清；二是没有人提供担保；三是与信贷员不熟悉；四是收入低、信贷员担心无法偿还贷款；五是没有抵押品；六是存在不良的信用记录；七是项目风险较大；八是政策原因；九是其他原因等。

另外，在购买住房时可以选择的银行贷款方式也是多样化的，包括公积金贷款、商业贷款和组合贷款等。在偿还银行贷款时，家庭可以根据自己的具体情况选择还款方式，如一次性偿还本息、等额本息、等额本金和分期不等额偿还。

当家庭受到利率调整、收入变动、预期收入变动和物价水平变动等因素影响时，可以选择调整或改变还款计划，如提前偿还部分贷款、延期还款甚至停止还款等。据2012年中国家庭金融调查数据显示，城市家庭中因收入变动改变还款计划的占到 52.28%，因利率调整、预期收入变动和物价水平变动改变还款计划的家庭分别占 24.40%、10.46% 和 2.34%；和城镇家庭相对比，农村家庭中因收入变动改变还款计划的占 44.08%，因利率调整、预期收入变动和物价水平变动改变还款计划的家庭分别占 9.57%、12.93% 和 2.28%。这表明无论对城镇家庭还是农村家庭而言，引起家庭改变银行贷款还款方式的主要是收入因素。

就改变银行贷款偿还计划情况来看，大多数家庭还是按照银行贷款合同按期偿还贷款，具体而言，城镇家庭和农村家庭按期偿还贷款的家庭分别占到 74.58% 和 78.47%；超过 20% 的家庭在住房贷款偿还过程中会改变贷款偿还方式，其中，城镇家庭主要表现为提前偿还贷款，而农村家庭中 8% 左右的家庭会选择延期还款。

家庭在购买、建造或装修住房时的另一种外部融资途径是民间借贷，可以向父母、子女、兄弟姐妹、其他亲属、朋友或同事以及民间金融组织等融资。

家庭购买或建造自有住房时，可以选择向银行贷款或者进行民间借贷，这两种融资方式在城镇和农村家庭中也存在一定的差异性。就 2012 年中国家庭金融微观调查数据显示，13.94% 的城镇家庭获得银行信贷支持，而仅有 6.69% 的农村家庭成功获得银行贷款；相对比而言，通过民间借贷的城镇家庭占 7.88%，农村家庭达到 14.37%。可以看出，银行贷款和民间借贷是家庭购房或建造住房时寻求外部融资的重要方式，并且城镇家庭更倾向于选择银行贷款方式而农村家庭更偏好于民间借贷方式。（见表 3-7）

表 3-7　　　　　　　有住房负债的家庭比重

项目	样本数	贷款	借款
城镇家庭样本数（个）	3 997	557	315
城镇家庭占比（%）	0	13.94	7.88
农村家庭样本数（个）	4 441	297	638
农村家庭占比（%）	0	6.69	14.37

数据来源：《中国家庭金融调查报告·2012》

（二）住房融资规模

从贷款规模来看，家庭在购房时的融资规模是比较大的，城镇和农村家庭相对比而言，无论是银行贷款还是民间借贷，均表现为城镇家庭负债规模大于农村家庭负债规模，这可能是由于城镇购买住房的成本较高，因此需要的外部融资额度较大；另一方面可能是因为城镇的融资环境特别是银行贷款较农村地区更加成熟，加之城镇家庭的收入水平较高，获得银行贷款的规模也较高。

在不考虑利息成本的情况下，城镇家庭经过银行贷款的规模达到 28.39 万元，农村家庭的银行负债规模平均为 12.22 万元；民间借贷规模在城镇家庭和农村家庭分别为 7.11 万元和 4.47 万元（见表 3-8）。由此来看，对于城镇家庭和农村家庭而言，总体上通过银行贷款融资的规模要大于民间借贷规模；这可能是由于额度较高，通过民间借贷方式很难凑齐。就家庭的负债结构来看，在不考虑民间贷款规模的条件下，住房贷款总额在家庭总负债的比重也较高，在城镇家庭和农村家庭分别达到 47.04% 和 32.39%，这表明家庭的购房压力较大，对银行贷款的依赖程度较高。

表 3 - 8　　　　　　　　　住房负债规模

负债情况	城镇家庭	农村家庭
银行贷款总额（不含利息）（万元）	28.39	12.22
银行贷款余额（万元）	18.91	8.94
住房贷款总额占家庭总负债的比重（%）	47.04	32.39
借款总额（不含利息）（万元）	7.11	4.47
借款余额（万元）	6.28	3.25

数据来源：《中国家庭金融调查报告·2012》

就家庭的还款情况来看，截止 2011 年，城镇家庭均值为 28.39 万元的银行贷款的贷款余额大约为 18.91 万元，农村家庭中平均 12.22 万元的银行贷款的贷款余额尚有 8.94 万元；相对比而言，城镇家庭民间贷款中 7.11 万元的负债总额尚有 6.28 万未偿还，农村家庭 4.47 万元的负债总额中仍存在 3.25 万元没有归还。总体来看，银行贷款负债总额的还款规模高于民间借贷规模，这可能是由于银行贷款是在合同订立时便制订还款计划，家庭会根据还款计划按时偿付贷款；相对比而言，民间借贷中向父母、子女、同事和朋友等的借款是建立在社会关系的基础上，还款方式较为灵活，并且这些贷款一般没有利息，因此家庭可能会首先偿还银行贷款，接着再偿还民间借贷。

（三）住房借款利率

就贷款成本而言，农村家庭高于城市家庭，如城镇家庭和农村家庭的银行贷款利率分别为 5.08 和 7.92，民间借贷中存在利息支付贷款的贷款利率对城镇家庭和农村家庭分别为 9.15 和 26.47（见表 3 - 9）。这主要是城镇家庭的收入较为稳定，能够到期按期偿付贷款的可能性较高，风险较小，因此贷款成本也相对较低。另外，虽然民间借贷主要来源于亲戚和朋友，是无息借款，但是民间借贷中存在利息支付成本的那部分借款的利率水平明显高于银行贷款，并且在农村地区表现得更加突出。

表 3 - 9　　　　　　　住房借款利率

负债利率＼样本	城镇	农村
银行贷款利率（％）	5.08	7.92
其中：按揭贷款利率（％）	4.94	6.33
民间借款利率（％）	9.15	26.47

数据来源：《中国家庭金融调查报告·2012》

3.2.3　租赁住房情况

（一）人均使用面积

家庭租赁住房主要是获得居住场所，从而满足住房消费需求；租赁家庭的住房人均使用面积可以在一定程度上反映出这些家庭对住房消费的需求水平。

通过对城镇和农村地区租赁住房家庭的人均使用面积进行对比（见表 3 - 10），可以看出，城镇和农村地区的住房消费需求是存在差异的。和拥有自有住房的家庭相比，租赁住房家庭的人均使用面积相对较小，城镇家庭平均为 28.91 平方米，农村家庭平均为 20.46 平方米，即城镇租赁住房家庭的住房消费需求大于农村家庭；就中位数来看，城镇家庭和农村家庭中租赁住房的平均使用面积分别为 21.67 平方米和 12.5 平方米，即农村家庭中过半数租赁住房家庭的生活环境较为拥挤。

表 3 - 10　　　　　　　租赁住房人均使用面积

样本	项目	均值	中位数
城镇	人均使用面积（平方米）	28.91	21.67
农村	人均使用面积（平方米）	20.46	12.5

数据来源:《中国家庭金融调查报告·2012》

(二) 住房租金

住房租金是租赁住房家庭的一项固定支出,租金由多个部分的成本构成,主要包括租赁住房本身的成本和其他费用,其他费用具体包括水费、电费、燃料费、物业费、光纤费、电话费和网络费等。

总体来看,在城镇地区租赁住房的月租金明显高于农村地区(见表3-11)。就租赁住房本身的费用来看,城镇家庭和农村家庭每月的支付额分别为1 035元和845元,占到每月租金的72.81%和58.76%;当考虑其他费用时,城镇家庭和农村家庭每月的租金额分别为1 176元和870元。在其他的费用中,城镇地区主要是物业费,平均占到月租金的11.71%,其次是水费和电费,占到月租金的5.34%和4.95%;农村地区则主要是电费和水费,分别占到月租金的15.07%和14.56%,物业费占到月租金额的5.07%。

表3-11   租赁住房租金

样本	项目	不包含费用	包含费用
城镇	月租金(元)	1 035	1 176
农村	月租金(元)	845	870

数据来源:《中国家庭金融调查报告·2012》

3.3 本章小结

城镇住房制度改革是我国制度改革的重要方面,是针对我国城镇家庭住房体制实施的改革。从概念上来讲,住房制度改革主要针对传统的福利分房政策实施，以市场经济为指导，建立符合市场经济体制的住房制度，以实现城镇住房的商品化。自中国改革开放以来，住房体制改革对我国宏观经济及微观主体的影响十分显著。

住房改革的实施并非一蹴而就，也是分阶段、分步骤，在不断地探索和调整中开展。具体来看，我国住房制度改革可以分为四个阶段，分别为：住房改革的探索和试点阶段、住房改革全面实施阶段、住房改革综合配套改革阶段和实物分房的终结阶段。

本章以 2012 年中国家庭金融调查的微观数据为基础，以我国城镇家庭为研究对象，通过描述性统计方式对我国城镇样本家庭的租赁住房情况、自有住房情况以及家庭在购买或建造住房时的融资渠道和融资规模进行分析，可以看出我国的城镇家庭的住房情况具有以下特征：

首先，拥有自用住房家庭的住房特征表现为：第一，城镇家庭的住房拥有率低于农村家庭；第二，城镇家庭和农村家庭户均拥有住房数量已经超过 1 套，且城镇家庭的户均住房拥有数量高于农村地区；第三，城镇地区拥有自有住房家庭的人均使用面积低于农村地区；第四，城镇家庭获得自有住房的主要方式为购买商品房，农村家庭的住房获得方式则主要以自建或扩建方式为主；第五，就住房产权获得方式而言，城镇家庭和农村家庭均以全部产权房为主；第六，城市家庭的住房购置价明显高于农村家庭，并且获得住房的时间越靠后，住房的历史获得成本即购置价的均值和中位数越高，另外，购买住房越早，住房资产带来的平均收益率越高，并且城镇家庭的住房收益率明显高于农村家庭。

其次，家庭在购买或建造住房时的住房融资特征主要表现为：第一，银行贷款和民间借贷是家庭购房或建造住房等进行外部融资的重要方式，并且城镇家庭更倾向于选择银行贷款方式而农村家庭更偏好于民间借贷方式；第二，对于城镇家庭和农村家庭而言，总体上通过银行贷款融资的规模要大于民间借贷规模；第三，就家庭的负债结构来看，家庭的购房压力较大，对银行贷款的依赖程度较高。

再次，购买和建造住房时融资家庭的还款情况特征为：第一，总体来看，银行贷款负债总额的还款规模高于民间借贷规模；第二，无论对城镇家庭还是农村家庭，引起家庭改变银行贷款还款方式的均是收入因素；第三，就改变银行贷款偿还计划情况来看，大多数家庭还是按照银行贷款合同按期偿还贷款，其中，城镇家庭主要表现为提前偿还贷款，而农村家庭中8%左右的家庭会选择延期还款。

最后，租赁住房家庭的住房特征表现为：第一，和拥有自有住房的家庭相比，租赁住房家庭的人均使用面积相对较小；第二，城镇租赁住房家庭的住房消费需求大于农村家庭；第三，农村家庭中过半数租赁住房家庭的生活环境较为拥挤；第四，住房租金由多个部分的成本构成，城镇地区租赁住房的月租金明显高于农村地区。

家庭住房选择的理论分析

4.1 家庭住房选择的理论基础——消费理论

根据经济学理性人假设，家庭持有住房不论是出于自住目的还是投资目的，其最终都是为了满足自身消费，实现其生命周期内的效应最大化。因此，研究家庭住房选择决策就不得不从消费理论说起。

1936 年英国经济学家凯恩斯首次在其著作《就业、利息和货币通论》中提到消费函数理论。该理论认为消费水平仅仅是由当期的收入水平决定的，并且边际消费倾向介于 0 和 1 之间，学者们一般将其称作"绝对收入假说"。然而，凯恩斯研究的消费仅仅局限于短期的消费行为。

美国经济学家杜森贝利在《收入、储蓄和消费行为》一书中提出了相对收入理论。该理论指出居民的消费不仅与自身收入有关，还受过去消费水平及周围人群收入的影响。消费水平会随着消费者收入水平的上升而提高，但是较难随收入水平的降低而下降，这被称为"棘轮效应"。相对收入理论还指出消费存在"示范效应"，即消费者的消费水平会受到周围人群特别是较高收入群体的影响。相对收入理论认为决定消费的不单单是当期收入水平，但是该理论研究的消费仍然是以当期收入为基础。

1930 年美国经济学家费雪最早从微观角度指出，理性消费者将根据自身偏好，跨期调整消费与储蓄的组合，进而实现消费效应的最大化。弗里德曼与莫迪利安尼等人发展了费雪的理论，将消费理论从即期决策拓展到跨期决策。

弗里德曼的消费理论被称为持久收入理论。该理论将消费分为暂时性消费与持久性消费两种，认为具有前瞻性的消费者在稳定的收入预期条件下会在跨时期预算约束下实现其效用的最大化；持久收入理论认为，决定当期消费的是消费者的持久性收入，即消费者的即期消费可以超过其当期的收入水平。莫迪利安尼将人的一生分为青年、中年与老年三个阶段，并且青年与老年两个阶段主要表现为消费支出大于收入，消费者在中年阶段的收入是大于支出的；每一阶段的消费并不依赖该时期的收入，而是依赖消费者整个生命周期的收入，在跨期预算下，消费者能够实现其一生消费的效用最大化。莫迪利安尼的消费理论被称为生命周期理论。

持久收入理论和生命周期理论的出发点基本一致，即综合考虑当期与未来收入进而调整消费行为。于是，学术界一般将这两个理论合称为"生命周期 — 持久收入假说（LC—PIH）"。

"生命周期—持久收入假说"被提出后，不断受到学者们的质疑，最典型的理论为不确定性理论与流动性约束理论。不确定性理论认为居民对未来收入或者支出的预期存在不确定性，为了应对不确定事件的发生，居民通常保有一定的预防性储蓄，使得居民的消费有所降低。"生命周期 — 持久收入假说"成立的基本条件是金融市场是完全的，消费者能够自由地进行资本借贷。然而，这一条件一般是难以实现的，即消费者面临流动性约束。流动性约束理论认为家庭在生命周期内最优化其消费路径时，需要外部融资的支持；然而，由于家庭常常无法在金融市场上获得借贷而导致家庭无法实现超过收入水平的消费，导致消费者对收入的变动存在过度敏感性。

4.2　家庭住房选择的目标——生命周期总效用最大化

　　"居者有其屋"是家庭对住房需求最朴素的表达，然而，如果家庭仅为满足住房消费需求，那么通过租赁房屋就可以实现。但是，这无法解释我国城镇家庭拥有多套住房的现实，在我国房产价格攀升的背景下，家庭拥有住房或多或少总有一定的投资目的，希望通过出租或出售等方式获得租金收入或者购销差价收益，以实现更多的消费。由此看来，住房是一种特殊商品，具有消费品与投资品双重特性。家庭对不同特性的追求，就表现为家庭的住房消费需求与住房投资需求。

　　家庭进行住房选择决策的目标是实现其生命周期内的效用最大化，本书为了分析的方便，将家庭生命周期简化为"当前"与"未来"两个阶段，整个生命周期由多个这样的"两阶段"组成。由于不确定性的存在，本书的研究采用期望效用形式，假设家庭能够在当前信息下做出一个满足一定置信区间预期的住房选择决策。

　　假设家庭在第一阶段做出的住房选择决策既有满足住房消费需求的部分，也包括能够满足住房投资需求的部分，且家庭能够清楚地区分分别用于住房消费与住房投资的数量。本书还假设住房消费是通过租赁住房实现的，住房消费的部分具备一般消费品的特征，即消费品被消费之后就不复存在了，不存在任何残值。

　　该问题可以作如下描述：家庭在第一阶段劳动收入 Y_0、家庭资产 W_0 的条件下，选择住房消费 C_{h0}（用于消费，到第二阶段被消耗完毕）与非住房类消费 C_{n0}，住房投资与一般投资 I_h

和 I_n ；并假设非住房消费的加权平均价格为 P_n ，非住房类投资的预期收益率为 ξ ，住房单价为 P_h ；由于住房的特殊性，假设家庭的收入并不能够支持住房消费或者住房投资的总额，同时家庭能够以利率 λ 为每单位住房融得所需资金 L ；市场上的住房出租价格为 R ，家庭购买住房后就会出租住房，以获得租金收益。假设第二阶段住房价格相对于第一阶段增长 φ ，第一阶段与第二阶段的时间间隔为 t ；在第二阶段，家庭劳动收入为 Y_t ，并选择将投资商品变现以实现该期更多的消费。

由于家庭的住房消费主要通过租赁住房的形式解决，第一阶段的住房消费在第二阶段时已经不存在了。在第二阶段家庭预计需要消费加权平均价格为 $P_n(1+\psi)$ 的非住房类消费品，且租赁单价为 $R(1+\delta)$ 、数量为 C_{ht} 的住房，以实现住房消费。其中 ψ 、δ 为两阶段商品价格的波动。

家庭住房选择决策的最终目的是实现跨期消费的效用最大化。该问题可以用线性规划来描述：

$$\max_{I_h, I_n, C_{h0}, C_{ht}} \{ U^{(1)}(C_{h0}, C_{n0}) + U^{(2)}(C_{ht}, C_{nt}) \} \qquad (4-1)$$

$$s.t. \quad Y_0 + W_0 = P_n C_{n0} + R C_{h0} + (P_h - L - R) I_h + I_n$$

$$W_t = P_h(1+\varphi) I_h - L(1+\lambda) I_h + I_n(1+\xi)$$

$$Y_t + W_t = P_n(1+\psi) C_{nt} + R(1+\delta) C_{ht} \qquad (4-2)$$

这一线性规划能够在一定程度上说明家庭住房选择决策的目的，即家庭生命周期内的效应最大化。

4.3 家庭实现住房选择跨期决策的桥梁——外部融资

早在 1930 年，美国经济学家费雪就从微观视角指出，理性人会根据自身偏好跨期调整各期的储蓄与消费组合，从而实现其效用的最大化。在前一部分的论述就已经引入了家庭外部融资这一概念。可以看出，外部融资是家庭能够实现跨期选择决策的关键环节，如果没有外部融通便利，家庭将无法较为方便地实现跨期决策。以家庭住房选择决策为例，一般家庭当年的收入不足于支持购房款，但家庭可以借助外部融资提前购房。如图 4 - 1 所示，在没有外部融资的情况下，家庭如果通过积攒每年的消费剩余来购房，需要在 T 时刻购房，在外部融资的便利下，家庭可以在 t 时刻就可以完成购房行为。

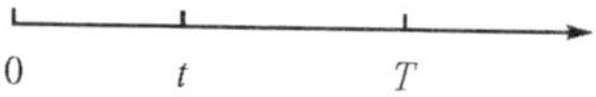

图 4 - 1　外部融资与家庭购房时点

本书假设市场交易不存在摩擦，例如家庭能够随时在金融市场上实现融资、家庭需要购房时也能够方便地在市场上寻找到合适的住房、家庭需要出售住房时也能够随时从市场上脱手。为了便于说明问题，本书在研究中假设家庭在年初做出住房选择决策，在年末将住房出售，在第二年的年初再次进行购房，且家庭不进行除住房投资外的其他投资。另外，假设家庭跨期决策中的效用函数具有可加性，家庭的财富积累过程如下：

$$K_{t+1} = [K_t + y_t - C_{nt} - R_t C_{ht} - (P_t - L_t)I_{ht} + R_t I_{ht} + P_t(1 + \varphi)I_{ht} - L_t(1 + \lambda)I_{ht}](1 + r)$$

$$= [K_t + y_t - C_{nt} - R_t C_{ht} + (P_t \varphi - L_t \lambda + R_t)I_{ht}](1 + r)$$

$$(4 - 3)$$

$$s.t. \quad \max \sum_{t=1}^{T} E\left[\frac{u(C_{nt}) + u(C_{ht})}{(1 + \rho)^t}\right], K_t \geq 0 \quad (4 - 4)$$

式中 K_{t+1} 表示家庭在 t 期的资产，r 为实际利率，ρ 为时间偏好率。**在外部融资便利下，家庭能够最终实现效用总和最大化**，根据这一方程可以求出家庭的最优住房选择决策。

家庭的住房选择决策的求解过程如下：

针对任意的 t，价值函数 $V(\cdot)$ 可以表示为：

$$V_t(K_t) = \max\left[\sum_i^T \frac{u(C_{nt}) + u(C_{ht})}{(1+\rho)^{i-t}}\right] \tag{4-5}$$

该方程的求解可以通过贝尔曼方程进行优化求解，可得：

$$V_t(K_t) = \max\left\{u(C_{nt}) + u(C_{ht}) + \frac{E[V_{t+1}(K_{t+1})]}{(1+\rho)}\right\} \tag{4-6}$$

对 $V_t(K_t)$ 关于 K_t 求导，可得：

$$V_t'(K_t) = (1+\rho)^{-1}(1+r)E[V_{t+1}'(K_{t+1})] \tag{4-7}$$

对 $V_t(K_t)$ 关于 C_{ht} 求导，可得：

$$V_t'(K_t)R_t = u'(C_{ht}) - \frac{E[V_{t+1}'(K_{t+1})](1+r)R_t}{(1+\rho)} \tag{4-8}$$

结合式（4-7）后，可整理为：

$$u'(C_{ht}) = 2V_t'(K_t)R_t \tag{4-9}$$

通过该式即可求出家庭用于住房消费目的的住房选择决策。
家庭投资目的的住房选择决策的求解过程如下：

本书假设家庭进行住房投资的最终目的是为了将来更好地消费，因此，可以认为住房投资数量 I_{ht} 是一般商品消费 C_{nt} 的函数。对 $V_t(K_t)$ 关于 C_{nt} 求导可得：

$$V_t'(K_t)[1 - (P_t\varphi - L_t\lambda + R_t)I_t'] = u'(C_{nt})$$
$$+ \frac{E[V_{t+1}'(K_{t+1})][(P_t\varphi - L_t\lambda + R_t)I_t' - 1](1+r)}{(1+\rho)}$$

$$\tag{4-10}$$

结合式（4-7），可以得出：

$$u'(c_t) = 2[1 - (P_t\varphi - L_t\lambda + R)I_t']V_t'(K_t) \tag{4-11}$$

根据这一方程，可求出家庭用于满足住房投资需求的住房选择决策量。解这一方程可以求得家庭最优的家庭住房消费量与住房投资量的组合（C_{ht1}^*，I_{t1}^*）。

从家庭住房选择决策思路、家庭住房选择决策模型的构建、模型的求解过程中可以看出，连接家庭住房选择跨期决策的关键环节是外部融资。如果没有外部融资，家庭住房跨期选择决策就无法实现。综上所述，外部融资对家庭住房选择决策具有重要的促进作用。

4.4　家庭住房选择跨期决策的障碍——流动性约束

根据持久收入假说，家庭可以通过跨期平滑终生消费，达到最优消费水平，实现整个生命周期内的效用最大化；其隐含的假设前提是市场是完全的，家庭可以在金融市场上自由借贷。然而，真实的金融市场并不是完全的，家庭在金融市场上的借贷总会存在一定的障碍，无法以市场利率进行借贷，这又被学者们称为流动性约束。流动性约束理论认为家庭由于得不到外部融资满足当期消费，使得家庭面临流动性约束，导致家庭消费对可预测收入过度敏感。本书认为流动性约束同样能够影响家庭的住房选择决策。

家庭面临流动性约束，使得家庭无法获得外部融资或者家庭借贷的市场利率大于市场利率，这会对前面所描述的自由借贷条件下的家庭住房选择决策造成一定程度的影响。上一部分中描述的家庭配置资产进行消费与投资决策时，并没有考虑外部融资量的影响。本书进一步假设家庭住房选择决策过程中的住房消费与一般商品消费均会受到外部融资的影响，家庭会结合家庭财富与融资获得的资金量来决定家庭消费与投资的数量，即住房消费量 C_{ht} 与一般商品消费量 C_{nt} 均为外部融资 L 的函数。根据这一分析，家庭外部融资量的大小直接决定了家庭一般商品与住房的需求量，影响了家庭生命周期内效用最大化的最优选择路径。

为了便于分析,这部分将问题描述为如下形式:家庭受到流动性约束,无法获得外部融资实现住房的跨期决策,即外部融资量 L 为 0。由于家庭资产与收入不足于支付购房价款,此时家庭无法满足其住房投资需求;家庭的住房消费需求通过租房来实现。设一般商品价格为 1,租房的相对价格为 R_t。此时家庭的财富积累过程如下:

$$K_{t+1} = (K_t + y_t - C_{nt} - R_t C_{ht})(1 + r) \quad (4-12)$$

家庭的住房选择决策的求解过程如下:

针对任意的 t,价值函数 $V(\cdot)$ 可以表示为:

$$V_t(K_t) = \max\left[\sum_i^T \frac{u(C_{nt}) + u(C_{ht})}{(1 + \rho)^{i-t}}\right] \quad (4-13)$$

该方程的求解可以通过贝尔曼方程进行优化求解,可得:

$$V_t(K_t) = \max\left\{u(C_{nt}) + u(C_{ht}) + \frac{E[V_{t+1}(K_{t+1})]}{(1 + \rho)}\right\}$$

$$(4-14)$$

对 $V_t(K_t)$ 关于 K_t 求导,可得:

$$V_t'(K_t) = (1 + \rho)^{-1}(1 + r)E[V_{t+1}'(K_{t+1})] \quad (4-15)$$

对 $V_t(K_t)$ 关于 C_{ht} 求导,可得:

$$V_t'(K_t)R_t = u'(C_{ht}) - \frac{E[V_{t+1}'(K_{t+1})](1 + r)R_t}{(1 + \rho)} \quad (4-16)$$

结合式(4-15),可得:

$$u'(c_t) = 2V_t'(K_t)R_t \quad (4-17)$$

解这一方程可得家庭住房消费量 C_{ht2}^*,同时家庭住房投资量为 0,于是家庭住房消费量与住房投资量的组合为 $(C_{ht2}^*, 0)$。

虽然家庭面临的流动性约束程度存在差异,但是家庭的住房选择决策的区间位于受到完全流动性约束与无流动性约束之间,即家庭住房消费量的区间为 $[C_{ht2}^*, C_{ht1}^*]$,家庭住房投资

量的区间为 $\left[0, I_{i1}^{*}\right]$。

综上分析可以看出，家庭偏好不同导致了家庭对住房需求量的不同选择；由于住房的特殊性，家庭往往需要借助跨期决策，实现住房消费或者住房投资目的，而跨期决策能够实现的关键是家庭能否获得外部融资，因此，外部融资是影响家庭住房选择决策的重要因素。家庭不能成功获得外部融资，跨期决策就无法实现，从这一角度来看，流动性约束也是影响家庭住房选择决策的重要因素。

4.5 本章小结

研究城镇家庭住房选择决策的出发点与落脚点是消费问题。家庭进行住房投资最终目的是为了获得更多的资产收益，进而实现更多的消费，实现其生命周期内的效应最大化。因此，本章首先从消费理论入手，交代家庭住房选择决策的理论基础。

接着本章从家庭住房选择决策差异化的根本原因谈起，家庭对住房偏好的不同导致了家庭对住房消费与住房投资需求的差异，进而使得不同家庭间的住房选择决策表现出不同特征。为了说明问题，本书构建住房选择决策的两阶段模型，分析家庭的两阶段消费效用最大化。

随后，本章从家庭财富的积累过程以及家庭消费效用两个方面构建贝尔曼方程，通过对贝尔曼方程进行求解，找出家庭最优的住房消费量与住房投资量。在该模型的构建过程中，外部融资在家庭跨期决策上发挥桥梁作用，如果没有外部融资，家庭的住房跨期选择决策就无法实现。

最后，为了论述在缺乏外部融资情形下家庭的住房选择决策问题，本章从流动性约束理论入手，分析流动性约束对家庭住房选择决策的影响。在流动性约束下，家庭无法进行外部融资，仅能利用本期收入与家庭前期的财富积累进行消费，在财富与收入小于住房所需价款时，家庭仅能通过租房来满足住房消费需求，无法实现住房投资。通过构建贝尔曼方程，本章求解出家庭的最优住房消费数量。

经过理论分析与模型构建求解，本章得出如下结论：家庭的住房偏好不同导致了家庭对住房需求量的不同选择；外部融资与流动性约束也是影响家庭住房选择决策的重要因素。

银行信贷与家庭住房选择

住房具有双重属性：一方面可以视为家庭的消费品，为居民提供居住服务，满足家庭的消费需求；另一方面可以看作是家庭的投资品，为居民提供增值机会，满足家庭的投资需求。"居者有其屋"是中国传统的住房概念，一般指的是居民的住房消费需求。然而，随着家庭金融知识不断充实、家庭财富不断上升，住房的投资属性不断凸显。2008—2010 年，我国政府为了抵御全球金融海啸的冲击，采取了一揽子刺激计划，取得一定的成果；但同时也引起住房价格的持续上涨，对家庭购房造成沉重的负担。

一般而言，家庭无法单单依靠当期收入支付购房价款。一部分家庭会依靠储蓄方式购买住房，即这部分家庭会积累财富直至达到购房价款时再购买住房；另一部分家庭则倾向于借助外部融资方式达到购买住房的目的。

银行信贷是家庭住房选择时重要的外部融资途径之一。银行信贷对家庭住房选择的影响可以从两个角度进行分析：一方面，家庭获得的银行信贷额能够缓解家庭的预算约束；另一方面，部分家庭寻求银行信贷支持时普遍存在面临流动性约束。本章和下一章将分别分析银行信贷和流动性约束对家庭住房选择的影响。

5.1　模型建立

家庭住房决策主要包括是否购房和住房价值两个方面。其中，是否购房由是否购买首套房和是否购买二套房组成；住房价值主要包括家庭的消费性住房价值和投资性住房价值两个方面。银行信贷是指家庭在住房选择决策过程中获得的银行贷款额。

（一）银行贷款对家庭是否购房的影响

样本中有房家庭包括仅有一套房家庭和拥有二套房家庭，为了更好地测度银行信贷额对家庭是否购买首套房，即从没有住房到购房这一过程的影响，银行信贷额对家庭是否购买首套房的实证分析中仅纳入没有房的家庭和仅拥有一套房的家庭。同样，为了更好地测度银行信贷在家庭是否购买二套房，即家庭从仅拥有一套住房到拥有二套房过程中所产生的影响，对应的实证分析的样本家庭仅局限于拥有住房的家庭，即包括仅拥有一套房的家庭和拥有二套房的家庭。

银行信贷额对家庭是否购买住房影响的回归主要借助于 Probit 模型。

$$prob\,(have1 = 1)_i = \alpha_1 + \beta_1 \times bankloan_i + \delta_1 X_i + \xi_i$$

$$(5-1)$$

$$prob\,(have2 = 1)_i = \alpha_2 + \beta_2 \times bankloan_i + \delta_2 X_i + \mu_i$$

$$(5-2)$$

其中：$have1$ 为虚拟变量，度量是否购买首套房，购买住房家庭取值为 1，否则取值为 0；$have2$ 为虚拟变量，度量是否购买二套房，购买二套房家庭取值为 1，否则取值为 0；$bankloan$ 表示家庭获得的银行信贷额度；X_i 表示其他控制变量，具体包括户主特征变量和家庭特征变量等；ξ 和 μ 为随机扰动项。

（二）银行信贷对家庭住房价值的影响

住房价值包括家庭的消费性住房价值和投资性住房价值。对于仅拥有一套住房的家庭而言，住房是消费需求和投资需求的共同载体，很难区分家庭的消费性住房和投资性住房；对于二套房家庭而言，可以将其首套房视为家庭的消费性住房，二套房视为家庭的投资性住房。为了更加准确地测度银行信贷对家庭消费性住房和投资性住房的影响，这部分仅纳入拥有二套房的家庭。由于样本家庭均拥有二套房，消费性住房需求和投资性住房需求大于0，因此，利用最小二乘估计法（OLS）进行估计。具体的实证模型如下：

$$chousvalue_i = \tau_1 + \chi_1 \times bankloan_i + \psi_1 X_i + \upsilon_i \qquad (5-3)$$

$$ihousvalue_i = \tau_2 + \chi_2 \times bankloan_i + \psi_2 X_i + \upsilon_i \qquad (5-4)$$

其中：$chousvalue$ 表示家庭的消费性住房，即首套房价值；$ihousvalue$ 表示家庭的投资性住房，即二套房价值；$bankloan$ 表示家庭获得的银行信贷额度；X_i 表示其他控制变量，具体包括户主特征变量和家庭特征变量等；υ 和 ω 为随机扰动项。

然而，银行贷款可能存在一定的内生性，这主要是由于拥有住房的家庭、拥有二套房的家庭较容易获得银行信贷支持；同时得到银行信贷供给的家庭可支配资金较多，那么就会选择购买首套房，甚至购买二套房。为了克服内生性对实证分析的影响，本书将引入金融可得性作为银行信贷额的工具变量。金融可得性度量家庭获得金融服务的便捷性，反映家庭利用金融资产获取金融服务的能力（彭恒文，2014）。彭恒文（2014）以全国金融机构的本外币贷款余额度量整个社会的金融可得性，卢亚娟、张龙耀和许玉韫（2014）以家庭获得的贷款总额作为该家庭的金融可得性。由此来看，贷款额与家庭的金融可得性具有密切联系。

本章将利用小区附近银行数量作为金融可得性的度量指标。一方面，如果小区附近的银行数量较多，则小区住户获得金融服务较为便捷且具有相对较大的选择权，那么申请银行贷款并获得较高银行贷款额的可能性较高，即金融可得性较高；另一方面，银行主要是基于小区总体服务对象情况来决定是否在该小区设立营业点，于是小区周边的银行数量不会受到单个家庭的住房决策影响。由此来看，小区附近的银行数量能够在一定程度上度量金融可得性，且使用金融可得性作为银行信贷额的工具变量具有可行性。

考虑到需要纳入工具变量克服内生性，实证分析将采用二阶段估计方法。具体而言，将建立 IV - probit 模型估计银行信贷对家庭是否购房的影响，建立 IV - OLS 模型估计银行信贷对住房价值的影响。

5.2 变量选择与描述性统计

5.2.1 变量选择

这部分实证分析的样本局限为我国城市家庭样本，同时删除户主年龄小于 16 岁和大于 85 岁的家庭，剔除相关变量存在缺漏的样本，剩余的有效样本量为 3 102 个。其中，没有住房的家庭样本为 632 个，拥有自有住房的家庭样本为 2 470 个。其中，仅拥有一套住房的家庭为 2 128 个，拥有二套房的家庭样本为 342 个。

被解释变量为家庭住房选择决策，主要包括家庭是否购买首套房、是否购买二套房、消费性住房和投资性住房等；另外，对于仅拥有一套住房的家庭而言，住房是消费需求和投资需求的共同载体，很难区分家庭的消费性住房和投资性住房；对于二套房家庭而言，可以将其首套房视为家庭的消费性住房，二套房视为家庭的投资性住房。

核心解释变量为银行信贷，主要测度家庭在住房选择决策过程中，如购买、建造该套住房时获得的银行信贷额度。本文对银行信贷的测度主要是基于中国家庭金融调查的《调查问卷》中的以下三个问题：

问题一："目前，您家为购买、维修、改建、扩建这套房屋，还有没有银行贷款?"；其中，回答"有"的则表明家庭获得银行信贷支持；对于回答"否"的家庭则家庭信贷额为 0，并进一步通过下一题确定。

问题二："为什么没有银行贷款?"；回答有四个类型：①不需要；②是需要但没有申请过；③是申请被拒绝；④是以前有银行贷款，但已还清。其中，①、②和③表示没有获得银行信贷支持，对应银行信贷额为 0；④为家庭获得银行信贷支持，并进一步通过下一问题确定。

问题三："当时您家一共向银行贷了多少钱?"；主要是通过这一问题来确定银行信贷额度。

银行信贷可能存在一定的内生性，本书将使用金融可得性作为银行信贷额的工具变量；具体将利用小区周边银行数量作为金融可得性的度量指标。

另外，实证分析中还控制了家庭特征变量和户主特征变量。其中，家庭特征变量主要包括家庭收入、家庭资产价值、金融资产价值、家庭人口数、住房所在地区等；户主特征变量主要包括户主的年龄、是否有工作、是否退休、性别、受教育水平、婚姻状况、风险态度、是否有公积金等。

考虑到我国东部地区和中西部地区间的经济发展水平、金融完善程度等方面存在较大差异，可能会对回归结果造成影响，因此，本章还将进一步根据家庭所在地将样本划分为东部地区家庭和中西部地区家庭，再次进行实证分析。这样做的目的是：一方面，以子样本的回归结果验证实证分析的稳健性；另一方面，对比银行信贷对家庭住房选择的影响在东部地区家庭和中西部地区家庭间的差异。

5.2.2 描述性统计

首先，对家庭的住房情况、银行信贷额和金融可得性情况进行对比统计，以了解家庭的住房特征和银行信贷特征。

有房家庭的住房和银行信贷情况（见表5-1）表现出以下特征：拥有自有住房的家庭中 13.85% 的家庭住房数量超过一套，即拥有二套房；购房时 25.87% 的家庭获得了银行贷款；平均来看，有房家庭获得的银行贷款额为 5.8 万元。金融可得性数值为 3.6，即小区周边的银行数量平均为 3~4 家。

表5-1　　拥有住房家庭的住房和银行信贷情况

变量	样本量	均值	中位数	标准差
是否有二套房	2 470	0.138 5	0	0.345 5
是否获得银行贷款	2 470	0.258 7	0	0.438 0
银行贷款额（万元）	2 470	5.800 4	0	24.770 5
金融可得性	2 470	3.647 8	4	2.046 8

二套房家庭的住房和银行信贷情况（见表5-2）表现出以下特征：二套房家庭的消费性住房价值为 24.86 万元，投资性住房价值为 33.56 万元；二套房家庭在购房过程中，43.6% 的家庭获得银行贷款，将近一半的二套房家庭获得了银行贷款，且银行贷款额平均为 18.39 万元，表明银行贷款对二套房家庭住房的覆盖面相对较高；金融可得性数值为 4.1，即拥有二套房家庭选择所选择居住的小区周边的银行数量平均超过 4 家。

表5-2　　二套房家庭的住房和银行信贷情况

变量	样本量	均值	中位数	标准差
住房消费（万元）	342	24.860 6	13	29.313 6
住房投资（万元）	342	33.559 1	20	32.881 6
是否获得银行贷款	342	0.435 7	0	0.496 6

表5-2(续)

变量	样本量	均值	中位数	标准差
银行贷款额（万元）	342	18.394 4	0	53.538 9
金融可得性	342	4.140 4	4	2.061 6

对比住房选择中没有银行贷款家庭和获得银行贷款家庭的住房情况（见表5-3），可以看出：没有获得银行贷款的城镇家庭中74.3%的家庭拥有自有住房，仅有7.8%的家庭拥有二套房；获得银行贷款的家庭23.3%的家庭拥有二套房；消费性住房需求和投资性住房需求在没有获得银行贷款和获得银行贷款家庭中也存在差异，其中没有获得银行贷款家庭的消费性住房价值和投资性住房价值分别为10.6万元和1.8万元，获得银行贷款家庭的消费性住房价值和投资性住房价值分别为31.9万元和11.01万元，表明银行贷款对刺激家庭的消费性住房和投资性住房也具有一定的作用。没有获得银行贷款和获得银行贷款家庭的金融可得性数值分别为3.4和4.3，这也反映出金融可得性会影响家庭是否能够获得银行信贷支持。

表5-3　　　有无银行贷款家庭的住房情况对比

变量	没有银行贷款家庭			获得银行贷款家庭		
	样本量	均值	中位数	样本量	均值	中位数
是否有房	2 463	0.743 4	1	639	1	1
是否有二套房	2 463	0.078 4	0	639	0.233 2	0
消费性住房（万元）	2 463	10.631 2	5	639	31.892 0	20
投资性住房（万元）	2 463	1.802 7	0	639	11.012 8	0
银行贷款额（万元）	2 463	0	0	639	22.421 1	10
金融可得性	2 463	3.447 8	3	639	4.298 9	4

为了克服离群值对估计结果的影响，对消费性住房价值、投资性住房价值、银行贷款额、家庭收入、家庭资产、金融资产价值等变量均进行对数化处理。

根据描述性统计结果（见表5-4）可以看出：79.6%的家庭拥有住房，住房拥有率相对较高；11%的家庭拥有二套房，占比相对较低；就消费性住房价值和投资性住房价值相比，家庭的消费性住房明显高于投资性住房；就家庭人口数来看，城镇家庭均值为3.16，即常见的三口或四口之家；年龄平均为45岁；城镇家庭中16.6%的户主处于退休或者离休状态；47.6%的户主为男性，83%的户主已结婚；大约21%的家庭拥有住房公积金，表明住房公积金的覆盖范围比较有限；城镇家庭中16%的户主为风险偏好型，54%的户主为风险厌恶型，反映出超过半数的户主比较厌恶风险；就教育背景来看，38%的户主学历为高中到大专学历，15%的户主获得大学及以上学历。

表5-4　　　　　　　　变量描述性统计

变量	样本量	均值	中位数	标准差
是否有房	3 102	0.796 3	1	0.402 8
是否有二套房	3 102	0.110 3	0	0.313 3
住房消费	310 2	8.766 2	11.225 3	5.103 9
住房投资	3 102	1.228 9	0	3.700 5
是否有银行贷款	3 102	0.206	0	0.404 5
银行贷款额	3 102	1.934 1	0	4.404 3
金融可得性	3 102	3.623 1	4	2.018 7
家庭收入	3 102	9.881 4	10.496 8	2.619 1
家庭资产	3 102	12.412 3	12.678 1	1.901 4
金融资产价值	3 102	9.093 2	9.24	2.495 8

表5-4(续)

变量	样本量	均值	中位数	标准差
家庭人口数	3 102	3.162 8	3	1.270 4
年龄	3 102	44.979 4	43	14.053 4
性别	3 102	0.475 5	0	0.499 5
是否退休	3 102	0.166 3	0	0.372 4
婚姻状况	3 102	0.831 1	1	0.374 7
是否有公积金	3 102	0.212 4	0	0.409 1
风险偏好家庭	3 102	0.159 9	0	0.366 6
风险厌恶家庭	3 102	0.535 8	1	0.498 8
高中到大专学历	3 102	0.384 9	0	0.486 7
大学及以上学历	3 102	0.149 3	0	0.356 4
中部地区	3 102	0.240 8	0	0.427 6
西部地区	3 102	0.191 8	0	0.393 8

5.3 实证结果及分析

5.3.1 内生性与弱工具变量检验

考虑到银行信贷额的内生性，这部分的实证分析将引入工具变量，采用二阶段估计法实现。本书将引入金融可得性作为银行信贷额的工具变量；并且，利用小区周边银行数量作为金融可得性的度量指标。

根据两阶段估计中第一阶段回归结果（见表5-5）可以看

出，金融可得性与银行信贷额之间存在显著的正向关系，这也反映出使用金融可得性作为银行信贷额的工具变量具有合理性。

表 5-5　　　　　两阶段估计中第一阶段回归结果

被解释变量	银行信贷额
金融可得性	0.209 *** (5.449)
家庭收入	0.065 ** (2.134)
家庭资产	0.596 *** (12.389)
金融资产价值	-0.144 *** (-4.062)
家庭人口数	-0.001 (-0.014)
年龄	-0.017 (-0.500)
年龄的平方	-0.000 (-0.381)
性别	-0.060 (-0.402)
是否退休	-0.522 * (-1.909)
婚姻状况	-0.049 (-0.221)
是否有公积金	0.996 *** (4.650)
风险偏好	-0.079 (-0.344)
风险厌恶	-0.036 (-0.205)

表5-5(续)

被解释变量	银行信贷额
高中到大专学历	0.463 *** (2.672)
大学及以上学历	1.240 *** (4.597)
中部地区	-0.352 * (-1.900)
西部地区	0.457 ** (2.242)
常数项	-4.884 *** (-5.304)
样本量	3102

注：括号内为各系数对应的 t 值；*、**、*** 分别表示在10%、5%、1%的水平下显著，下同。

"偏 R^2" 是判断弱工具变量的常见方法之一，在 Stata 中称其为 "Shea's Partial R^2"，但是究竟 "偏 R^2" 数值达到多大可以排除弱工具变量的可能性目前尚没有达到共识。判断弱工具变量的一个方法是检验第一阶段回归中工具变量的系数是否显著不为0，一个经验法则是，如果该检验的 F 统计量大于10，则拒绝"存在弱工具变量"的假设，认为不存在弱工具变量可能性（陈强，2010）。

此处将分别汇报 "Shea's Partial R^2" 和第一阶段回归中工具变量的系数显著性检验结果（见表5-6）。根据检验结果来看，第一阶段的 "Shea's Partial R^2" 为0.0095；而第一阶段回归中工具变量的系数显著性检验的 F 统计量为29.70，远远大于10，且 F 统计量的 P 值在0.01置信区间下显著，这在一定程度上反映出使用金融可得性作为工具变量是可行的，不存在弱工具变量的可能性。

表 5 - 6   弱工具变量检验

First - stage regression summary statistics				
变量	Adjusted R - sq.	Partial R - sq.	F (1, 307 7)	Prob > F
社会网络	0. 148 1	0. 009 5	29. 696 6	0. 000 0
Shea's Partial R - squared				
变量	Shea's Partial R - sq		Shea's Adj. Partial R - sq	
社会网络	0. 009 5		0. 004 4	

5.3.2 银行信贷对家庭住房选择的影响

（一）银行信贷对家庭是否购房的影响

样本中有房家庭包括仅有一套房家庭和拥有二套房家庭，为了更好地测度银行信贷对家庭是否购买首套房，即从没有住房到购房这一过程的影响，银行信贷对家庭是否购买首套房的实证分析中仅纳入没有房的家庭和仅拥有一套房的家庭。同样，为了更好地测度银行信贷在家庭购买二套房，即家庭从仅拥有一套住房到拥有二套房过程中所产生的影响，对应的实证分析的样本家庭仅局限于拥有住房的家庭，即包括仅拥有一套房的家庭和拥有二套房的家庭。

（1）实证结果及分析

回归结果（见表 5 - 7）显示，银行信贷额确实会对家庭是否购房产生影响。具体表现为：银行信贷额对家庭是否购买首套房、是否购买二套房的影响显著为正，表明银行贷款额上升会提高家庭购买首套房和拥有二套房的可能性。这主要是由于如果家庭在购房时能够获得银行贷款，意味着家庭可供支配的资金提高，使得这部分家庭有能力承担购房价款，因此会提高家庭购买住房或购买二套房的可能性。

表 5-7　　银行信贷对家庭是否购房影响的回归结果

被解释变量	是否购买首套房	是否购买二套房
回归方法	IV - probit	IV - probit
银行信贷额	0. 064 *** (3. 800)	0. 002 * (2. 122)
家庭收入	0. 001 * (1. 973)	0. 003 (1. 021)
家庭资产	0. 224 *** (21. 942)	0. 087 *** (6. 813)
金融资产价值	- 0. 047 *** (- 10. 706)	0. 004 (1. 177)
家庭人口数	0. 002 (0. 370)	0. 015 ** (2. 485)
年龄	0. 002 (0. 603)	0. 001 (0. 364)
年龄的平方	- 0. 000 (- 0. 857)	- 0. 000 (- 0. 266)
性别	0. 014 (0. 938)	0. 017 (1. 312)
是否退休	- 0. 052 * (- 1. 876)	- 0. 068 *** (- 2. 646)
婚姻状况	0. 023 * (1. 937)	- 0. 047 ** (- 2. 220)
是否有公积金	0. 074 *** (2. 811)	- 0. 016 (- 0. 659)
风险偏好	- 0. 038 (- 1. 598)	0. 038 * (1. 864)
风险厌恶	0. 014 (0. 800)	- 0. 019 (- 1. 203)
高中到大专学历	- 0. 007 (- 0. 373)	0. 023 (1. 339)

表5-7(续)

被解释变量	是否购买首套房	是否购买二套房
大学及以上学历	-0.041 (-1.224)	0.014 (0.412)
中部地区	0.106 *** (5.308)	0.051 *** (2.694)
西部地区	0.162 *** (7.803)	0.037 * (1.946)
样本量	2 760	2 470

注:括号内为各系数对应的 t 值;* 、** 、*** 分别表示在10%、5%、1%的水平下显著,下同。

对比来看,银行信贷额对家庭是否购买首套房和是否购买二套房的边际效应分别为 0.064 和 0.002,意味着银行信贷对家庭购买首套房的影响更加突出。这可能是由于两方面的因素造成的:一方面,与住房投资相比,住房消费是基础,因此家庭对首套房需求更加迫切,因此,一旦获得银行信贷,家庭便会考虑购买住房,所以,对银行信贷的反应较为敏感;另一方面,与没有住房的家庭而言,拥有住房家庭的收入和资产等相对较高,因此没有房的家庭选择购买首套房和拥有住房的家庭选择购买二套房相对比,银行信贷对家庭购买首套房影响更加突出。

其他变量对家庭是否购房的影响主要表现出以下特征:家庭的收入水平越高,家庭拥有住房的可能性越高;这主要是由于家庭收入相对较稳定,且收入水平较高时,家庭会预期持久收入较高,有能力承担住房,因此会选择购买住房。家庭资产上升有助于提高家庭拥有住房及拥有二套房的概率;这可能是由于资产价值较高的家庭支付能力相对较强,所以有能力购买住房,甚至购买二套房。金融资产价值越高,家庭拥有住房的可能性越低;这可能是由于金融资产和住房作为家庭的投资途径,两者具有一定的替代性。

已婚家庭拥有住房的可能性较高，这与我国的传统观念有着必然的联系，结婚时家庭倾向于买房，并且购买价值较高的住房。户主拥有住房公积金能够提高家庭拥有住房的可能性；这可能是由于家庭可以通过公积金贷款方式偿还住房贷款，这提高了家庭的购房能力。和东部地区家庭相比，中西部地区家庭拥有住房或拥有二套房的可能性较高；这主要是由于东部地区的消费水平较高，因此家庭很难承担住房价款，于是造成东部地区家庭拥有住房或者拥有二套房的可能性较低。家庭人口数越多，家庭购买二套房的可能性越高；户主处于退休状态时，拥有自有住房的家庭购买二套房的可能性越低；户主处于已婚状态时，已获得自有住房的家庭不倾向于购买二套房；风险偏好家庭更倾向于购买二套房。

（2）稳健性检验

东部地区家庭和中西部地区家庭的回归结果（见表5-8）再一次表明，银行信贷确实会对家庭是否购房产生影响。无论是东部地区还是中西部地区，银行信贷额上升会显著提高家庭购买住房或者购买二套房的可能性，并且银行信贷对家庭购买首套房的影响更加明显，证实了前文实证分析的稳健性。

表5-8　银行信贷对家庭是否购房影响的子样本回归结果

被解释变量	东部地区		中西部地区	
	是否购买二套房	是否购买首套房	是否购买二套房	是否购买首套房
回归方法	IV-probit	IV-probit	IV-probit	IV-probit
银行信贷额	0.055 ***	0.004 *	0.051 *	0.001 *
	(3.272)	(1.973)	(1.947)	(0.092)
样本量	1 542	1 395	1 218	1 075

相对比而言，银行信贷对东部地区家庭购买住房的影响更

大些。这可能是由于东部地区的房价相对较高，家庭的购房负担更重，因此对银行信贷的依赖性更强。

（二）银行信贷对家庭住房价值的影响

对于仅拥有一套住房的家庭而言，住房是消费需求和投资需求的共同载体，很难区分家庭的消费性住房和投资性住房；对于二套房家庭而言，可以将其首套房视为家庭的消费性住房，二套房视为家庭的投资性住房。为了更加准确地测度银行信贷对家庭消费性住房和投资性住房的影响，这部分仅纳入拥有二套房的家庭。

（1）实证结果及分析

回归结果（见表5-9）显示，银行信贷对家庭的消费性住房价值和投资性住房价值存在显著正向影响。具体的影响表现为：银行信贷对消费性住房和投资性住房的影响系数分别为0.280和0.558，即获得银行信贷有助于提高家庭的消费性住房和投资性住房，且对投资性住房的影响更加突出。

表5-9　　银行信贷对家庭住房价值影响的回归结果

被解释变量	消费性住房	投资性住房
回归方法	IV - ols	IV - ols
银行信贷额	0.280 * (1.996)	0.558 ** (2.508)
家庭收入	0.044 (0.160)	-0.263 (-0.824)
家庭资产	1.045 * (1.975)	0.668 ** (2.536)
金融资产价值	0.011 (0.070)	0.096 (0.528)
家庭人口数	-0.030 (-0.172)	0.311 (1.545)

表5-9(续)

被解释变量	消费性住房	投资性住房
年龄	0.076 (0.528)	0.055 (0.329)
年龄的平方	-0.001 (-1.018)	-0.000 (-0.164)
性别	0.097 (0.186)	0.251 (0.413)
是否退休	-0.116 (-0.102)	-0.753 (-0.572)
婚姻状况	0.315 (0.293)	0.325 (0.261)
是否有公积金	1.386* (1.977)	-1.058 (-0.511)
风险偏好	0.577 (0.961)	-0.630 (-0.902)
风险厌恶	0.257 (0.495)	0.039 (0.064)
高中到大专学历	0.672 (0.441)	0.556** (2.314)
大学及以上学历	1.075 (0.537)	0.825** (2.354)
中部地区	0.623* (1.996)	0.944 (0.907)
西部地区	0.100* (2.136)	1.526* (1.782)
常数项	-5.098 (-0.466)	-2.677 (-0.211)
样本量	342	342

其他变量对消费性住房的影响表现为：家庭资产越高，消费性住房价值越高；户主有住房公积金的家庭消费性住房较高；

和东部地区家庭相比，中部地区家庭的消费性住房价值较高。其他变量对投资性住房的影响表现为：家庭资产越高，投资性住房价值越高；户主学历越高的家庭，投资性住房价值越高。

（2）稳健性检验

东部地区家庭和中西部地区家庭的回归结果（见表5-10）表明，银行信贷对东部地区、中西部地区家庭的消费性住房价值和投资性住房价值均表现出正向影响，总体表现为银行信贷对投资性住房的影响更大些。银行信贷对中西部家庭投资性住房的影响不显著，这可能是由于二套房家庭观测值仅为342个，进一步划分为东部地区和中西部地区子样本后，样本量更加稀少，造成子样本回归系数与总体回归系数存在一定差异。相对比来看，银行信贷对家庭消费性住房的影响在中西部地区表现得更加突出，对投资性住房的影响主要体现在东部地区家庭中。

表5-10 银行信贷对家庭住房价值影响的子样本回归结果

被解释变量	东部地区		中西部地区	
	消费性住房	投资性住房	消费性住房	投资性住房
回归方法	IV-ols	IV-ols	IV-ols	IV-ols
银行信贷额	0.370*	1.558*	1.377*	2.314
	(2.162)	(1.932)	(1.978)	(2.3)
N	218	218	124	124

5.4 本章小结

本章从银行信贷入手，对我国城镇家庭的住房选择决策展开分析。家庭住房决策主要包括是否购房和住房价值两个方面。其中，是否购房由是否购买首套房和是否购买二套房组成；住房价值主要包括家庭的消费性住房价值和投资性住房价值两个方面。银行信贷是指家庭在住房选择决策过程中获得的银行贷款额。银行贷款可能存在一定的内生性，为了克服内生性对实证分析的影响，本书引入金融可得性作为银行信贷额的工具变量；利用小区周边银行数量作为金融可得性的度量指标。通过两阶段估计法就银行信贷对家庭是否购房和住房价值展开分析，得出以下结论：

（一）银行信贷能提高家庭购买住房的概率，且对购买首套房影响更大。

银行信贷确实会对家庭购买住房产生影响。银行贷款额上升会提高家庭拥有住房和拥有二套房的可能性，这主要是由于如果家庭在购房时能够获得银行贷款，意味着家庭可供支配的资金提高，使得这部分家庭有能力承担购房价款，因此会提高家庭购买住房或购买二套房的可能性。

银行信贷对家庭购买首套房的影响更加突出。这可能是由两方面的因素造成的：一方面，与住房投资相比，住房消费是基础，因此家庭对首套房需求更加迫切，因此，一旦获得银行信贷家庭便会考虑购买住房，所以对银行信贷的反应较为敏感；另一方面，与没有住房的家庭而言，拥有住房家庭的收入和资产等相对较高，因此没有房的家庭选择购买住房和拥有住房的家庭选择购买二套房相对比，银行信贷对家庭购买首套房的影响更加突出。

无论是东部地区还是中西部地区，银行信贷额上升会显著提高家庭购买住房或者购买二套房的可能性，并且银行信贷对家庭购买首套房的影响更加明显，证实了前文实证分析的稳健性。相对比而言，银行信贷对东部地区家庭选择购买住房的影响更大些。这可能是由于东部地区的房价相对较高，家庭的购房负担更重，因此对银行信贷的依赖性更强。

其他变量对家庭购买住房的影响主要表现出以下特征：家庭的收入水平越高，家庭拥有住房的可能性越高。这主要是由于家庭收入相对较稳定，且收入水平较高时，家庭会预期持久收入较高，有能力承担住房，因此会选择购买住房。家庭资产上升有助于提高家庭拥有住房及拥有二套房的概率。这可能是由于资产价值较高的家庭支付能力相对较强，所以有能力购买住房，甚至购买二套房。金融资产价值越高，家庭拥有住房的可能性越低。这可能是由于金融资产和住房作为家庭的投资途径，两者具有一定的替代性。

已婚家庭拥有住房的可能性较高，这与我国的传统观念有着必然的联系，结婚时家庭倾向于买房，并且购买价值较高的住房。户主拥有住房公积金能够提高家庭拥有住房的可能性；这可能是由于家庭可以通过公积金贷款方式偿还住房贷款，这提高了家庭的购房能力。和东部地区家庭相比，中西部地区家庭拥有住房或拥有二套房的可能性较高。这主要是由于东部地区的消费水平较高，因此家庭很难承担住房价款，于是造成东部地区家庭拥有住房或者拥有二套房的可能性较低。家庭人口数越多，家庭购买二套房的可能性越高。户主处于退休状态时，拥有自有住房的家庭购买二套房的可能性越低；户主处于已婚状态时，已获得自有住房的家庭不倾向于购买二套房；风险偏好家庭更倾向于购买二套房。

（二）银行信贷会刺激家庭购买价值更高的住房，且对投资性住房影响更突出。

获得银行信贷有助于提高家庭的消费性住房和投资性住房，且对投资性住房的影响更加突出。银行信贷对东部地区、中西部地区家庭的消费性住房价值和投资性住房价值均表现出正向影响，总体表现为银行信贷对投资性住房的影响更大些。由于二套房家庭观测值样本量较少，造成子样本回归系数与总体回归系数存在一定差异。相对比来看，银行信贷对家庭消费性住房的影响在中西部地区表现得更加突出，对投资性住房的影响主要体现在东部地区家庭中。

其他变量对消费性住房的影响表现为：家庭资产越高，消费性住房价值越高；户主有住房公积金的家庭消费性住房较高；和东部地区家庭相比，中部地区家庭的消费性住房价值较高。其他变量对投资性住房的影响表现为：家庭资产越高，投资性住房价值越高；户主学历越高的家庭，投资性住房价值越高。

6

流动性约束与家庭住房选择

住房选择决策过程中，银行信贷额会影响家庭的住房选择决策。上一章的实证分析表明，家庭获得的银行信贷额上升会对家庭是否购房和住房价值起到积极的促进作用。然而，家庭在向银行申请住房贷款时，存在一定的门槛。银行倾向于为经济收入稳定、信用状况良好且有明显的偿还贷款本息的家庭提供贷款，同时，银行提供贷款时要求借款人提供贷款担保。因此，部分家庭虽然存在银行信贷需求但是没有获得信贷供给，即存在流动性约束。不同家庭的信贷需求和信贷供给存在差异，导致那些没有获得银行信贷供给的家庭面临的流动性约束程度也不相同。本章将就流动性约束对家庭住房选择决策的影响展开分析。

6.1 模型建立

家庭住房决策主要包括是否购房和住房价值两个方面。其中，是否购房由是否购买首套房和是否购买二套房两部分组成；住房价值主要包括家庭的消费性住房和投资性住房两个方面。流动性约束程度用存在信贷需求但没有获得银行信贷供给的概率来表示。

（一）流动性约束对家庭是否购房的影响

样本中有房家庭包括仅有一套房家庭和拥有二套房家庭，为了更好地测度流动性约束对家庭购买首套房，即从没有住房到购房这一过程的影响，流动性约束对家庭是否购买首套房的实证分析中仅纳入没有房的家庭和仅拥有一套房的家庭。同样，为了更好地测度流动性约束在家庭购买二套房，即家庭从仅拥有一套住房到拥有二套房过程中所产生的影响，对应的实证分

析的样本家庭仅局限于拥有住房的家庭，即包括仅拥有一套房的家庭和拥有二套房的家庭。

流动性约束对家庭是否购买住房影响的回归主要借助于 Probit 模型。

$$prob(have1=1)_i = \alpha_1 + \beta_1 \times lc_i + \delta_1 X_i + \xi_i \quad (6-1)$$

$$prob(have2=1)_i = \alpha_2 + \beta_2 \times lc_i + \delta_2 X_i + \mu_i \quad (6-2)$$

其中：have1 为虚拟变量，度量是否购买首套房，拥有住房家庭取值为 1，否则取值为 0；have2 为虚拟变量，度量是否购买二套房，拥有二套房家庭取值为 1，否则取值为 0；lc 表示家庭面临的流动性约束；X_i 表示其他控制变量，具体包括户主特征变量和家庭特征变量等；ξ 和 μ 为随机扰动项。

（二）流动性约束对家庭住房价值的影响

住房价值主要包括家庭的消费性住房和投资性住房。对于仅拥有一套住房的家庭而言，住房是消费需求和投资需求的共同载体，很难区分家庭的消费性住房和投资性住房；对于二套房家庭而言，可以将其首套房视为家庭的消费性价值，二套房视为家庭的投资性价值。为了更加准确地测度流动性约束对家庭消费性住房和投资性住房的影响，这部分仅纳入拥有二套房的家庭。由于样本家庭均拥有二套房，消费性住房需求和投资性住房需求大于 0，因此，利用最小二乘估计法（OLS）进行估计。具体的实证模型如下：

$$chousvalue_i = \tau_1 + \chi_1 \times lc_i + \psi_1 X_i + \upsilon_i \quad (6-3)$$

$$ihousvalue_i = \tau_2 + \chi_2 \times lc_i + \psi_2 X_i + \upsilon_i \quad (6-4)$$

其中：chousvalue 表示家庭的消费性住房，即首套房价值；ihousvalue 表示家庭的投资性住房，即二套房价值；lc 表示家庭获得的流动性约束额度；X_i 表示其他控制变量，具体包括户主特征变量和家庭特征变量等；ν 和 ω 为随机扰动项。

流动性约束家庭是指以下任何一个情况存在：①家庭的贷

款请求被拒绝；②家庭的贷款请求只有部分批准；③家庭开始考虑贷款但是考虑到会被拒绝最终没有申请。如果任何一种情况都不存在则认为是没有流动性约束的家庭。由于受到数据的限制，本书中的流动性约束家庭仅考虑家庭的贷款请求被拒绝和家庭考虑到银行贷款但是担心会被拒绝最终没有申请两种情形；即存在以上任何一种情形则认为是存在流动性约束，否则则为没有流动性约束。

　　本章在测度流动性约束时仅考虑家庭从事农业或工商业生产经营、购买汽车以及申请信用卡过程中存在信贷需求但是没有获得信贷支持的情况。由于没有考虑家庭在购房时的流动性约束，所以测度的流动性约束与家庭住房选择的内生性极为微弱，本章实证分析中不再考虑内生性的处理。

6.2　变量选择与描述性统计

6.2.1　变量选择

　　本书实证分析的样本局限为我国城市家庭样本，同时删除户主年龄小于16岁和大于85岁的家庭，剔除相关变量存在缺漏的样本，剩余的有效样本量为3 013个。其中，没有住房的家庭样本为631个，拥有自有住房的家庭样本为2 472个。其中，仅拥有一套住房的家庭为2 129个，拥有二套房的家庭样本为343个。

　　被解释变量为家庭住房选择决策，主要包括家庭是否购买首套房、是否购买二套房、消费性住房和投资性住房等；另外，对于仅拥有一套住房的家庭而言，住房是消费需求和投资需求的共同载体，很难区分家庭的消费性住房和投资性住房；对于二套房家庭而言，可以将其首套房视为家庭的消费性住房，二套房视为家庭的投资性住房。

核心解释变量为流动性约束，为虚拟变量，如果家庭面临流动性约束则取值为1，否则取值为0。本章主要考察家庭在从事农业或工商业生产经营、购买汽车及申请信用卡过程中的银行信贷支持，对流动性约束的测度主要是基于中国家庭金融调查的《调查问卷》中的以下两个问题：

问题一：（在农业或工商业生产经营、购买汽车时）"为什么没有银行贷款？"；回答有四个类型：①不需要；②是需要但没有申请过；③是申请被拒绝；④是以前有银行贷款，但已还清。其中，②和③表示存在信贷需求但是没有获得银行信贷支持，存在流动性约束。

问题二："为什么没有信用卡？"。回答有五个类型：①喜欢现金消费；②不了解信用卡；③没有还款能力；④愿意使用但申请被拒；⑤其他。其中，④表示存在信贷需求但是没有获得银行信贷支持，存在流动性约束。

另外，实证分析中还控制了家庭特征变量和户主特征变量。其中，家庭特征变量主要包括家庭收入、家庭资产价值、金融资产价值、家庭人口数、住房所在地区等；户主特征变量主要包括户主的年龄、是否有工作、是否退休、性别、受教育水平、婚姻状况、风险态度、是否有公积金等。

考虑到我国东部地区和中西部地区间的经济发展水平、金融完善程度等方面存在较大差异，可能会对实证分析造成影响，因此，本章还将进一步根据家庭所在地将样本划分为东部地区家庭和中西部地区家庭，再次进行实证分析。这样做的目的是：一方面，以子样本回归的回归结果验证实证分析的稳健性；另一方面，对比流动性约束对家庭住房决策的影响在东部地区家庭和中西部地区家庭间的差异。

6.2.2 描述性统计

首先，对家庭的住房情况、流动性约束情况进行对比统计，以了解家庭的住房特征和流动性约束特征。

拥有住房家庭的住房和流动性约束情况（见表6-1）表现出以下特征：我国城镇拥有住房的家庭中13.88%的家庭选择购买二套房；城镇拥有住房的家庭在农业或工商业生产经营、购买车辆和申请信用卡过程中，5.74%的家庭没有获得银行支持，即面临流动性约束。

表6-1　拥有住房家庭的住房和流动性约束情况

变量	样本量	均值	中位数	标准差
是否有二套房	2 472	0.138 8	0	0.345 8
流动性约束	2 472	0.057 4	0	0.232 7

二套房家庭的住房和流动性约束情况（见表6-2）表现出以下特征：二套房家庭的消费性住房价值为33.7万元，投资性住房价值为25.1万元，意味着拥有二套房家庭的住房仍以消费性住房为主；二套房家庭在农业或工商业生产经营、购买车辆和申请信用卡过程中，6.71%的家庭没有获得银行支持，即面临流动性约束。

表6-2　二套房家庭的住房和流动性约束情况

变量	样本量	均值	中位数	标准差
消费性住房（万元）	343	33.698 9	20	33.043 4
投资性住房（万元）	343	25.056 4	13	29.301 2
流动性约束	343	0.067 1	0	0.250 5

依家庭在农业或工商业生产经营、购买车辆和申请信用卡过程中是否面临流动性约束为依据，将样本家庭划分为不存在流动性约束家庭和存在流动性约束家庭，对比分析两类家庭的住房特征。

分组结果（见表6-3）显示，与不存在流动性约束的家庭相比，存在流动性约束家庭的住房情况相对要低一些。不存在流动性约束和存在流动性约束家庭中拥有住房的比例分别为84.02%和79.41%，拥有二套房的比例分别为10.91%和13.61%，表明面临流动性约束家庭的购买住房和购买二套房的概率要稍低些。不存在流动性约束和存在流动性约束家庭的消费性住房价值分别为15.16万元和15.10万元，投资性住房价值分别为5.64万元和3.14万元，表明流动性约束会降低家庭的消费性住房和投资性住房。

表6-3　　　　有无流动性约束家庭的住房情况对比

变量	不存在流动性约束			存在流动性约束		
	样本量	均值	中位数	样本量	均值	中位数
是否有房	2 934	0.840 2	1	169	0.794 1	1
是否有二套房	2 934	0.109 1	0	169	0.136 1	0
消费性住房（万元）	2 934	15.157 5	10	169	15.050 3	7.5
投资性住房（万元）	2 934	5.643 3	0	169	3.143 3	0

根据描述性统计结果（见表6-4）可以看出：城镇样本家庭中79.66%的家庭拥有住房，住房拥有率相对较高；11.05%的家庭拥有二套房，占比相对较低；就消费性住房和投资性住房相比，家庭的消费性住房明显高于投资性住房；家庭在农业或工商业生产经营、购买车辆和申请信用卡过程中5.45%的家庭存在信贷需求但是没有获得银行信贷支持，意味着流动性约

束现象确实存在。

表 6 - 4　　　　　　变量描述性统计情况

变量	样本量	均值	中位数	标准差
是否有房	3 103	0.796 6	1	0.402 6
是否有二套房	3 103	0.110 5	0	0.313 6
消费性住房价值	3 103	8.774 9	11.258 0	5.103 6
投资性住房价值	3 103	1.232 7	0	3.706 1
流动性约束	3 103	0.054 5	0	0.227
家庭收入	3 103	9.930 2	10.505 1	2.567 4
家庭资产	3 103	12.403 8	12.679 2	1.983 2
金融资产价值	3 103	9.085 7	9.230 2	2.499 2
家庭人口数	3 103	3.165 0	3	1.271 8
年龄	3 103	44.989 7	43	14.061 3
性别	3 103	0.475 0	0	0.499 5
是否退休	3 103	0.166 9	0	0.373
婚姻状况	3 103	0.831 5	1	0.374 4
是否有公积金	3 103	0.212 7	0	0.409 3
风险偏好家庭	3 103	0.158 9	0	0.365 6
风险厌恶家庭	3 103	0.535 9	1	0.498 8
高中到大专学历	3 103	0.384 5	0	0.486 5
大学及以上学历	3 103	0.149 9	0	0.357 0
中部地区	3 103	0.240 4	0	0.427 4
西部地区	3 103	0.191 4	0	0.393 5

就家庭人口数来看，平均为 3.17，即"三口"或"四口"

之家；城镇家庭中 16.69% 的户主处于退休或者离休状态，即将近 83% 的户主曾经或者现在有工作；户主的年龄平均为 45 岁，47.5% 的户主为男性，83.15% 的户主已结婚。城镇家庭中仅有 21.27% 的家庭拥有住房公积金，表明该类福利的覆盖面积相对有限。城镇家庭中 15.89% 的户主为风险偏好型，将近 54% 的户主为风险厌恶型，反映出超过半数的户主比较厌恶风险。城镇家庭的户主 38.45% 的学历处于高中到大专阶段，14.99% 的拥有大学及以上学历，表明城镇地区的人口的受教育程度相对较高。

6.3 实证结果及分析

（一）流动性约束对家庭是否购房的影响

样本中有房家庭包括仅有一套房家庭和拥有二套房家庭，为了更好地测度流动性约束对家庭购买首套房，即从没有住房到购房这一过程的影响，流动性约束对家庭是否购买首套房的实证分析仅纳入没有房的家庭和仅拥有一套房的家庭。同样，为了更好地测度流动性约束在家庭购买二套房，即家庭从仅拥有一套住房到拥有二套房过程中所产生的影响，对应的实证分析的样本家庭仅局限于拥有住房的家庭，即包括仅拥有一套房的家庭和拥有二套房的家庭。

（1）实证结果及分析

根据回归结果（见表 6-5）可以看出，家庭面临的流动性约束确实会对家庭的住房决策产生影响，具体表现为：面临的流动性约束程度越高，家庭拥有住房的可能性越低，购买二套房的可能性越低。这主要是由于家庭在购买首套房及购买二套房时，如果家庭存在银行贷款需求但是无法获得银行贷款支持，则该家庭面临流动性约束，由于无力支付购房价款，因此部分家庭可能会放弃买房或者购买二套房。相对来看，流动性约束在家庭购买首套房时的阻碍作用更强。

表 6 - 5　　流动性约束对是否购房影响的回归结果

被解释变量	是否购买首套房	是否购买二套房
回归方法	probit	probit
流动性约束	- 0. 045 * (- 1. 843)	- 0. 007 * (- 1. 835)
家庭收入	- 0. 004 (- 1. 591)	0. 005 * (1. 707)
家庭资产	0. 178 *** (53. 298)	0. 079 *** (12. 227)
金融资产价值	- 0. 036 *** (- 13. 965)	- 0. 006 (- 1. 316)
家庭人口数	0. 008 (1. 591)	0. 015 *** (2. 631)
年龄	0. 003 (1. 125)	0. 000 (0. 108)
年龄的平方	- 0. 000 (- 0. 458)	- 0. 000 (- 0. 025)
是否有工作	0. 013 (1. 179)	0. 015 (1. 139)
性别	- 0. 040 ** (- 2. 007)	- 0. 070 *** (- 2. 788)
是否退休	0. 026 (1. 572)	- 0. 047 ** (- 2. 198)
婚姻状况	0. 021 (1. 337)	- 0. 010 * (- 1. 852)
是否有公积金	0. 029 * (1. 647)	0. 039 * (1. 894)

表6-5(续)

被解释变量	是否购买首套房	是否购买二套房
风险偏好	0.010 (0.755)	-0.016 (-1.038)
风险厌恶	-0.026 ** (-2.079)	0.027 * (1.720)
高中到大专	0.105 *** (5.234)	0.017 (0.694)
大学及以上	0.128 *** (9.451)	0.045 *** (2.692)
中部地区	0.131 *** (8.893)	0.034 * (1.794)
西部地区	1.216 *** (18.164)	1.046 *** (10.163)
样本量	2 760	2 472

其他变量对家庭是否拥有住房的影响主要表现为：家庭的收入水平提高会促进家庭提高购买二套房的可能性；家庭资产越高，家庭购买首套房和购买二套房的可能性越高；金融资产价值提高，家庭购买首套房及购买二套房的可能性会下降；户主为男性时，家庭购买首套房或购买二套房的可能性较低；金融资产价值越高，家庭购买首套房的可能性越低；家庭人口数越多，家庭购买二套房的可能性越高；户主处于退休状态时，拥有自有住房的家庭购买二套房的可能性越低；户主处于已婚状态时，已获得自有住房的家庭不倾向于购买二套房；和东部地区家庭相比，中部和西部家庭购买首套房和购买二套房的可能性较高；学历提高有助于促进家庭购买首套房或者购买二套房。

（2）稳健性检验

东部地区家庭和中西部地区家庭的回归结果（见表6-6）

再一次表明，流动性约束会对家庭是否购房产生影响。无论是东部地区还是中西部地区，家庭面临的流动性约束程度上升会降低家庭购买首套房和购买二套房的可能性，并且流动性约束对家庭购买首套房的影响更加明显，证实了前文实证分析的稳健性。

表 6 - 6　流动性约束对家庭是否购房影响的子样本回归

被解释变量	东部地区		中西部地区	
	是否购买首套房	是否购买二套房	是否购买首套房	是否购买二套房
回归方法	probit	probit	probit	probit
流动性约束	- 0. 068 *	- 0. 05 *	- 0. 048 *	- 0. 037 *
	(- 1. 912)	(1. 853)	(- 1. 938)	(- 1. 823)
样本量	1 545	1 399	1 215	1 073

　　相对比而言，流动性约束对东部地区家庭的购买首套房和购买二套房的影响更大些。这可能是由于东部地区的房价相对较高，家庭的购房负担更重，因此一旦那些存在银行信贷需求的家庭无法获得银行信贷支持便会放弃买房或者购买二套房。

　　（二）流动性约束对家庭住房价值的影响

　　对于仅拥有一套住房的家庭而言，住房是消费需求和投资需求的共同载体，很难区分家庭的消费性住房和投资性住房；对于二套房家庭而言，可以将其首套房视为家庭的消费性住房，二套房视为家庭的投资性住房。为了更加准确地测度流动性约束对家庭消费性住房和投资性住房的影响，这部分仅纳入拥有二套房的家庭。

　　（1）实证结果及分析

　　实证结果（见表6-7）显示，流动性约束会抑制家庭的消费性住房价值和投资性住房价值。具体的影响表现为：流动性

约束对消费性住房和投资性住房的影响系数分别为 - 0.771
和 -1.196，意味着流动性约束加重会降低家庭的消费性住房和
投资性住房，且对投资性住房的影响更加突出。

表6-7　　　　流动性约束对住房价值影响回归结果

被解释变量	消费性住房	投资性住房
回归方法	ols	ols
流动性约束	-0.771 * (1.862)	-1.196 * (1.909)
家庭收入	-0.063 (-0.771)	-0.109 (-1.188)
家庭资产	0.734 *** (3.602)	1.175 *** (5.144)
金融资产价值	0.043 (0.459)	0.044 (0.423)
家庭人口数	-0.042 (-0.292)	0.238 (1.485)
年龄	0.091 (0.896)	-0.006 (-0.051)
年龄的平方	-0.001 (-1.098)	-0.000 (-0.105)
性别	0.210 (0.599)	0.055 (0.141)
是否退休	-0.267 (-0.340)	-0.282 (-0.320)
婚姻状况	0.030 (0.053)	0.752 (1.178)
是否有公积金	0.928 ** (2.057)	0.065 (0.129)
风险偏好	0.437 (1.000)	-0.522 (-1.067)

6
流动性约束与家庭住房选择

表6-7(续)

被解释变量	消费性住房	投资性住房
风险厌恶	0.327 (0.784)	-0.046 (-0.099)
高中到大专	0.254 (0.593)	1.390 *** (2.896)
大学及以上	0.514 (0.870)	1.872 *** (2.829)
中部地区	0.891 ** (2.055)	0.505 (1.040)
西部地区	0.230 (0.427)	1.223 ** (2.024)
常数项	-1.414 (-0.444)	-6.948 * (-1.945)
样本量	343	343

其他变量对消费性住房的影响表现为：家庭资产越高，消费性住房价值和越高；户主有住房公积金的家庭消费性住房较高；和东部地区家庭相比，中部地区家庭的消费性住房价值较高。其他变量对投资性住房的影响表现为：家庭资产越高，投资性住房价值越高；户主学历越高的家庭，投资性住房价值越高；和东部地区家庭相比，西部地区家庭的投资性住房价值较高。

（2）稳健性检验

东部地区家庭和中西部地区家庭的回归结果（见表6-8）表明，流动性约束对东部地区、中西部地区家庭的消费性住房和投资性住房均存在负向影响，遗憾的是回归系数不显著。具体的影响表现为：流动性约束对东部地区家庭的消费性住房和投资性住房的影响系数分别为-0.91和-1.43，对中西部地区家庭的消费性住房和投资性住房的影响系数分别为-0.593和

－0.655；表明流动性约束上升会抑制家庭的消费性住房和投资性住房，且对家庭的投资性住房影响更明显。对比流动性约束对消费性住房和投资性住房在东部地区家庭和中西部地区家庭的差异，可以看出：流动性约束对东部地区家庭的消费性住房和投资性住房影响较突出。这与总体的回归结果基本相同，在一定程度上证实了实证分析的稳健性。

表 6 – 8 流动性约束对住房价值影响的子样本回归结果

被解释变量	东部地区家庭		中西部地区家庭	
	消费性住房	投资性住房	消费性住房	投资性住房
回归方法	ols	ols	ols	ols
流动性约束	－0.910	－1.430	－0.593	－0.655
	(0.989)	(1.475)	(0.749)	(0.503)
样本量	218	218	125	125

流动性约束对东部地区和中西部地区家庭消费性住房和投资性住房的子样本不显著，这可能是由于二套房家庭观测值仅为 343 个，进一步划分为东部地区和中西部地区子样本后，样本量更加稀少，造成子样本回归系数与总体回归系数不完全一致。

6.4 本章小结

本章分析流动性约束程度对家庭住房决策的影响。为了避免流动性约束与家庭住房选择间的内生性，本章利用家庭在从事农业或工商业生产经营、购买汽车及申请信用卡过程存在信贷需求但是没有获得银行信贷来度量家庭的流动性约束，并分析流动性约束对家庭住房选择的影响。家庭的住房选择从是否购房和住房价值两方面反映，具体主要包括家庭是否购买首套房、是否购买二套房、消费性住房和投资性住房等。

就流动性约束对家庭住房决策的影响展开实证分析，得到以下结论：

（一）流动性约束会降低家庭购买住房的概率，并且对家庭购买首套房的影响更强。

面临的流动性约束程度越高，家庭拥有住房的可能性越低，购买二套房的可能性越低。这主要是由于家庭在购买首套房及购买二套房时，如果家庭存在银行贷款需求但是无法获得银行贷款支持，则该家庭面临流动性约束，由于无力支付购房价款，因此部分家庭可能会放弃买房或者购买二套房。相对来看，流动性约束在家庭购买首套房时的阻碍作用更强。东部地区家庭和中西部地区家庭的回归结果证实了实证分析的稳健性。

相对比而言，流动性约束对东部地区家庭的购买住房的影响更大些。这可能是由于东部地区的房价相对较高，家庭的购房负担更重，因此一旦那些存在银行信贷需求的家庭无法获得银行信贷支持便会放弃买房或者购买二套房。

其他变量对家庭是否拥有住房的影响主要表现为：家庭的收入水平提高会促进家庭提高购买二套房的可能性；家庭资产越高，家庭购买首套房和购买二套房的可能性越高；金融资产价值提高，家庭购买首套房及购买二套房的可能性会下降；户主为男性时，家庭购买首套房或购买二套房的可能性较低；金融资产价值越高，家庭购买首套房的可能性越低；家庭人口数越多，家庭购买二套房的可能性越高；户主处于退休状态时，拥有自有住房的家庭购买二套房的可能性越低；户主处于已婚状态时，已获得自有住房的家庭不倾向于购买二套房；和东部地区家庭相比，中部和西部家庭购买首套房和购买二套房的可能性较高；学历提高有助于促进家庭购买首套房或者购买二套房。

（二）流动性约束会降低家庭选择购买的住房价值，且对投资性住房的影响更明显。

流动性约束加剧会降低家庭的消费性住房和投资性住房，且对投资性住房的影响更加突出。东部地区和中西部地区的子样本回归结果显示流动性约束会降低家庭的消费性住房和投资性住房，且对投资性住房影响更加明显。遗憾的是子样本回归系数不显著，这可能是由于二套房家庭观测值仅为 343 个，进一步划分为东部地区和中西部地区子样本后，样本量更加稀少，造成子样本回归系数与总体回归系数不完全一致。

其他变量对消费性住房的影响表现为：家庭资产越高，消费性住房价值和越高；户主有住房公积金的家庭消费性住房较高；和东部地区家庭相比，中部地区家庭的消费性住房价值较高。其他变量对投资性住房的影响表现为：家庭资产越高，投资性住房价值越高；户主学历越高的家庭，投资性住房价值越高；和东部地区家庭相比，西部地区家庭的投资性住房价值较高。

民间借贷与家庭住房选择

住房选择过程中，银行信贷额上升提高家庭购买住房的可能性，促进家庭选择购买价值较高的住房。但是，部分有信贷需求的家庭无法获得信贷供给，面临流动性约束；这会对家庭的住房选择决策产生抑制作用。民间借贷是家庭住房选择时另一个重要的外部融资渠道；作为非正规金融的代表，民间借贷能够在一定程度上弥补银行信贷不愿或无法覆盖的领域，缓解家庭面临的流动性约束。本章将就民间借贷对家庭住房选择决策的影响展开分析探讨。

7.1 模型建立

家庭住房决策主要包括是否购房和住房价值两个方面。其中，是否购房由是否购买首套房和是否购买二套房组成；住房价值包括家庭的消费性住房和投资性住房两个方面。民间借贷是指家庭在住房选择决策过程中从亲戚、朋友等处获得的民间借贷额。

（一）民间借贷对家庭是否购房的影响

样本中有房家庭包括仅有一套房家庭和拥有二套房家庭，为了更好地测度民间借贷对家庭购买首套房，即从没有住房到购房这一过程的影响，民间借贷对家庭是否购买首套房的实证分析中仅纳入没有房的家庭和仅拥有一套房的家庭。同样，为了更好地测度民间借贷在家庭购买二套房，即家庭从仅拥有一套住房到拥有二套房过程中所产生的影响，对应的实证分析的样本家庭仅局限于拥有住房的家庭，即包括仅拥有一套房的家庭和拥有二套房的家庭。

民间借贷对家庭是否购房影响的回归主要借助于 Probit

模型。

$$prob\ (have1\ =\ 1)_i\ =\ \alpha_1\ +\ \beta_1\ \times\ \mathrm{infloan}_i\ +\ \delta_1 X_i\ +\ \xi_i$$

$$(7-1)$$

$$prob\ (have2\ =\ 1)_i\ =\ \alpha_2\ +\ \beta_2\ \times\ \mathrm{infloan}_i\ +\ \delta_2 X_i\ +\ \mu_i$$

$$(7-2)$$

其中：*have1* 为虚拟变量，度量是否购买首套房，拥有住房家庭取值为 1，否则取值为 0；*have2* 为虚拟变量，度量是否购买二套房，拥有二套房家庭取值为 1，否则取值为 0；*infloan* 表示家庭获得的民间借贷额度；X_i 表示其他控制变量，具体包括户主特征变量和家庭特征变量等；ξ 和 μ 为随机扰动项。

（二）民间借贷对家庭购买的住房价值的影响

住房价值包括家庭的消费性住房和投资性住房。对于仅拥有一套住房的家庭而言，住房是消费需求和投资需求的共同载体，很难区分家庭的消费性住房和投资性住房；对于二套房家庭而言，可以将其首套房视为家庭的消费性需求，二套房视为家庭的投资性需求。为了更加准确地测度民间借贷对家庭消费性住房和投资性住房的影响，这部分仅纳入拥有二套房的家庭。由于样本家庭均拥有二套房，消费性住房需求和投资性住房需求大于 0，因此，利用最小二乘估计法（OLS）进行估计。具体的实证模型如下：

$$chousvalue_i\ =\ \tau_1\ +\ \chi_1\ \times\ \mathrm{infloan}_i\ +\ \psi_1 X_i\ +\ \upsilon_i \qquad (7-3)$$

$$ihousvalue_i\ =\ \tau_2\ +\ \chi_2\ \times\ \mathrm{infloan}_i\ +\ \psi_2 X_i\ +\ \upsilon_i \qquad (7-4)$$

其中：*chousvalue* 表示家庭的消费性住房，即首套房价值；*ihousvalue* 表示家庭的投资性住房，即二套房价值；*infloan* 表示家庭获得的民间借贷额度；X_i 表示其他控制变量，具体包括户主特征变量和家庭特征变量等；ν 和 ω 为随机扰动项。

然而，民间借贷可能存在一定的内生性，这主要是由于拥有住房的家庭，特别是购房价值较高的家庭更容易从亲戚朋友处获得民间借贷；同时获得民间借贷的家庭可支配资金较多，那么购买住房的可能性更大，选择购买的住房价值更高。为了克服内生性对实证分析的影响，本书将引入社会网络作为民间借贷额的工具变量。社会网络能够缓解信息不对称引起的逆向选择和道德风险，社会网络较广的家庭成功获得的民间借贷的可能性较大、借贷额度较高（马光荣和杨恩艳，2011；杨汝岱、陈斌开和朱诗娥，2011）。因此，社会网络广度能够在一定程度上反映家庭可以获得的民间借贷额度。

马光荣和杨恩艳（2011）以家庭与亲友间在婚丧嫁娶等的礼品往来数额度量社会网络；杨汝岱、陈斌开和朱诗娥（2011）以全年的礼金支出作为社会网络的代理变量；何军、宁漫秀和史清华（2005）用亲友随礼金额测度社会网络广度。由此来看，礼金往来能够较好地反映出家庭的社会网络。基于此，本书将使用礼金往来，即礼金支出和礼金收入之和作为社会网络的度量指标。加之，一般而言家庭的礼金往来数额会受当地风俗、其他亲戚朋友礼金往来情况影响，与家庭是否拥有住房或者购房价值间几乎没有关系。基于以上分析，使用礼金往来度量家庭社会网络，并以社会网络作为民间借贷的工具变量是可行的。

考虑到需要纳入工具变量克服内生性，实证分析将采用二阶段估计方法。具体而言，将建立 IV - probit 模型估计民间借贷对家庭是否购房的影响，建立 IV - OLS 模型估计民间借贷对住房价值的影响。

7.2 变量选择与描述性统计

7.2.1 变量选择

这部分实证分析的样本局限为我国城市家庭样本，同时删除户主年龄小于 16 岁和大于 85 岁的家庭，剔除相关变量存在缺漏的样本，剩余的有效样本量为 3 905 个。其中，没有住房的家庭样本为 1 442 个，拥有自有住房的家庭样本为 2 463 个。其中，仅拥有一套住房的家庭为 2 121 个，拥有二套房的家庭样本为 342 个。

核心解释变量为民间借贷，民间借贷主要是家庭向以下七个渠道的借贷行为：父母、子女、兄弟姐妹、其他亲属、朋友、同事和其他途径等。民间借贷主要测度家庭在住房决策过程中获得的民间借贷额度。这部分对银行借贷的测度主要是基于中国家庭金融调查的《调查问卷》中的以下两个问题：

问题一："除了银行贷款以外，您家是否为购买、建造这套住房从其他渠道借钱？"；其中，回答"否"的则表明家庭没有获得民间借贷；对于回答"是"的则存在民间借贷融资。

问题二："这笔借款您家借了多少？"主要是基于这一问题来确定民间借贷金额。

考虑到民间借贷可能存在的内生性，本书将引入社会网络作为民间借贷的工具变量，具体是使用礼金往来，即礼金支出和礼金收入之和作为社会网络的度量指标。被解释变量为家庭的住房选择决策，主要包括家庭是否拥有自有住房、是否拥有二套房、消费性住房价值和投资性住房价值等。

另外，实证分析中还控制了家庭特征变量和户主特征变量。其中，家庭特征变量主要包括家庭收入、家庭资产价值、金融资产价值、家庭人口数、住房所在地区等；户主特征变量主要包括户主的年龄、是否有工作、是否退休、性别、受教育水平、婚姻状况、风险态度、是否有公积金等。

考虑到我国东部地区和中西部地区间的经济发展水平、金融完善程度等方面存在较大差异，可能会对实证分析造成影响，因此，本章还将进一步根据家庭所在地将样本划分为东部地区家庭和中西部地区家庭，再次进行实证分析。这样做的目的是：一方面，以子样本回归的回归结果验证实证分析的稳健性；另一方面，对比民间借贷对家庭住房决策的影响在东部地区家庭和中西部地区家庭间的差异。

7.2.2 描述性统计

有房家庭的住房和民间贷款情况（见表 7-1）表现出以下特征：拥有自有住房的家庭中将近 13.9% 的家庭住房数量超过一套，即拥有二套房；平均来看，拥有住房家庭购房时获得的民间贷款额为 0.74 万；有房家庭的社会网络数值为 1，即这部分家庭平均每年的礼金往来大约为 1 万元。

表 7-1　　　　拥有住房家庭的住房和民间借贷情况

变量	样本量	均值	中位数	标准差
是否有二套房	2 463	0.138 9	0	0.345 9
民间借贷额（万元）	2 463	0.742 4	0	1.919 8
社会网络	2 463	1.002 3	0.4	1.631 9

二套房家庭的住房和民间借贷情况（见表 7-2）表现出以下特征：二套房家庭的消费性住房价值为 24.97 万元，投资性住房价值为 33.84 万元；购买二套房的家庭在购房过程中的民间贷款额平均为 0.50 万元，额度相对较低；二套房家庭的社会网络数值为 1.28，即这部分家庭平均每年的礼金往来约为 1.28 万元。

表 7-2　　　　二套房家庭的住房和民间借贷情况

变量	样本量	均值	中位数	标准差
住房消费（万元）	342	24.965 9	13	29.212 0

表7-2（续）

变量	样本量	均值	中位数	标准差
住房投资（万元）	342	33.841 3	20	33.127 4
民间借贷额（万元）	342	0.499 6	0	1.661 8
社会网络	342	1.284 2	0.6	1.794 3

对比没有民间贷款家庭和获得民间贷款家庭的住房情况（见表7-3），可以看出：没有获得民间贷款的城镇家庭中74.9%的家庭拥有自有住房，仅有10.4%的家庭拥有二套房；获得民间贷款的家庭，13.9%的家庭拥有二套房；消费性住房价值和投资性住房价值在没有获得民间贷款和获得民间贷款家庭中也存在差异，其中没有获得民间贷款家庭的消费性住房和投资性住房分别为14.56万元和3.76万元，获得民间贷款家庭的消费性住房和投资性住房分别为17.58万元和3.64万元，民间贷款对家庭的消费性需求表现出一定的促进作用；没有民间借贷家庭和有民间借贷家庭的社会网络也存在差异，两类家庭平均每年的礼金往来分别为0.937万元和0.954万元。

表7-3　　　有无民间借贷家庭的住房情况对比

变量	无民间借贷家庭				有民间借贷家庭			
	样本量	均值	中位数	标准差	样本量	均值	中位数	标准差
是否有房	2 520	0.749	1	0.434	575	1	1	0
是否有二套房	2 520	0.104	0	0.305	575	0.139	0	0.346
住房消费（万元）	2 520	14.562	6.175	22.744	575	17.575	12.500	18.571
住房投资（万元）	2 520	3.762	0	15.600	575	3.643	0	13.817
民间借贷额（万元）	2 520	0.000	0	0.000	575	3.180	2	2.836
社会网络	2 520	0.937	0.350	1.611	575	0.954	0.400	1.459

为了克服离群值对估计结果的影响，对消费性住房、投资

性住房、民间贷款额、社会网络、家庭收入、家庭资产、金融资产价值等变量均进行对数化处理。

根据描述性统计结果（见表 7-4）可以看出：将近 80% 的家庭拥有住房，住房拥有率相对较高；11% 的家庭拥有二套房，占比相对较低；就消费性住房和投资性住房相比，家庭的消费性住房价值明显高于投资性住房价值；家庭的社会网络数值为0.94，即平均每年的礼金往来为 0.94 万元。就家庭人口数来看，城镇家庭中最少有有一个，即受访者自己，最多的有 12 个；年龄平均为 45 岁；城镇家庭中 16% 的户主处于退休或者离休状态，65% 的户主为男性，84% 的户主结婚；将近 23% 的家庭拥有住房公积金，表明住房公积金的覆盖范围比较有限；城镇家庭中 16% 的户主为风险偏好型，53% 的户主为风险厌恶型，反映出超过半数的户主比较厌恶风险；就教育背景来看，38%的户主学历为高中到大专学历，15% 的户主获得大学及以上学历。

表 7-4　　　　　　　　变量描述性统计

变量	样本量	均值	中位数	sd	min	max
是否有房	3 095	0.795 8	1	0.403 2	0	1
是否有二套房	3 095	0.110 5	0	0.313 6	0	1
住房消费	3 095	8.764 1	11.225 3	5.113 7	0	13.955 3
住房投资	3 095	1.232 3	0	3.706 4	0	13.815 5
银行贷款额	3 095	1.732 4	0	3.819 6	0	11.512 9
社会网络	3 095	0.939 8	0.360 0	1.583 6	0	9.750 0
家庭收入	3 095	7.940 7	8.006 7	3.153 7	0	15.621 1
家庭资产	3 095	12.416 8	12.682 8	1.893 5	7.090 9	15.846 7

表7-4(续)

变量	样本量	均值	中位数	sd	min	max
金融资产价值	3 095	9.098 8	9.249 7	2.500 0	0	15.793 7
家庭人口数	3 095	3.160 3	3	1.271 8	1	12
年龄	3 095	44.865 9	43	13.880 8	16	85
性别	3 095	0.654 6	1	0.475 6	0	1
是否退休	3 095	0.160 3	0	0.366 9	0	1
婚姻状况	3 095	0.839 1	1	0.367 5	0	1
是否有公积金	3 095	0.226 5	0	0.418 6	0	1
风险偏好家庭	3 095	0.159 6	0	0.366 3	0	1
风险厌恶家庭	3 095	0.534 4	1	0.498 9	0	1
高中到大专学历	3 095	0.384 5	0	0.486 6	0	1
大学及以上学历	3 095	0.154 4	0	0.361 4	0	1
中部地区	3 095	0.240 4	0	0.427 4	0	1
西部地区	3 095	0.190 3	0	0.392 6	0	1

7.3 实证结果及分析

7.3.1 内生性、社会网络与弱工具变量检验

民间借贷可能存在一定的内生性，这主要是由于拥有住房的家庭、特别是购房价值较高的家庭更容易从亲戚朋友处获得民间借贷；同时获得民间借贷的家庭可支配资金较多，那么购买住房的可能性更大、选择购买的住房价值更高。为了克服内生性对实证分析的影响，本书将引入社会网络作为民间借贷的工具变量，具体是使用礼金往来，即礼金支出和礼金收入之和作为社会网络的度量指标。一般而言，家庭的礼金往来数额会受当地风俗、其他亲戚朋友礼金往来情况影响，与家庭是否拥有住房或者购房价值间几乎没有关系；同时，礼金往来与家庭可获得的民间借贷额关系较大，礼金往来数额较高表明家庭拥有较多的亲戚朋友且关系较为密切，那么这类家庭获得民间借贷的可能性较高，由此来看，使用礼金往来度量家庭社会网络，并作为民间借贷的工具变量是可行的。

根据第一阶段估计结果（见表 7-5）可以看出：社会网络与家庭民间借款额呈显著正相关，即家庭的社会网络越广，那么购房时获得的民间借贷额越高。这也反映出使用社会网络作为民间借贷的工具变量具有合理性。

表 7-5　　　　两阶段估计中第一阶段估计结果

被解释变量	民间借贷额
社会网络	0.059 *** (2.921)

表7-5(续)

被解释变量	民间借贷额
家庭收入	-0.045 ** (-1.998)
家庭资产	0.407 *** (9.316)
金融资产价值	-0.294 *** (-9.093)
家庭人口数	0.218 *** (3.699)
年龄	0.074 ** (2.401)
年龄的平方	-0.001 ** (-2.487)
性别	0.320 ** (2.221)
是否退休	-0.691 *** (-2.742)
婚姻状况	0.118 (0.566)
是否有公积金	-0.108 (-0.582)
风险偏好	0.172 (0.836)
风险厌恶	0.354 ** (2.248)
高中到大专学历	-0.282 * (-1.811)
大学及以上学历	-0.553 ** (-2.332)
中部地区	0.570 *** (3.427)

表7-5(续)

被解释变量	民间借贷额
西部地区	0.576 *** (3.148)
常数项	-3.416 *** (-4.215)
样本量	3 095

这部分也汇报了"*Shea's Partial R²*"和第一阶段回归中工具变量的系数显著性检验结果（见表7-6）。根据检验结果来看，第一阶段的"*Shea's Partial R²*"为0.002 8；而第一阶段回归中工具变量的系数显著性检验的F统计量为12.53，明显大于10，且F统计量的P值也在0.05置信区间下显著，这在一定程度上反映出使用家庭礼金支出作为工具变量是可行的，不存在弱工具变量的可能性。

表7-6   弱工具变量检验

First - stage regression summary statistics				
变量	Adjusted R - sq.	Partial R - sq.	F (1, 3 077)	Prob > F
社会网络	0.075 8	0.002 8	12.532 33	0.003 5
Shea's Partial R - squared				
变量	Shea's Partial R - sq		Shea's Adj. Partial R - sq	
社会网络	0.002 8		0.000 5	

7.3.2　民间借贷对家庭住房选择的影响

（一）民间借贷对家庭是否购房的影响

样本中有房家庭包括仅有一套房家庭和拥有二套房家庭，

为了更好地测度民间借贷对家庭购买首套房，即从没有住房到购房这一过程的影响，民间借贷对家庭是否购买首套房的实证分析中仅纳入没有房的家庭和仅拥有一套房的家庭。同样，为了更好地测度民间借贷在家庭购买二套房，即家庭从仅拥有一套住房到拥有二套房过程中所产生的影响，对应的实证分析的样本家庭仅局限于拥有住房的家庭，即包括仅拥有一套房的家庭和拥有二套房的家庭。

（1）实证结果及分析

以社会网络作为工具变量，使用两阶段估计法测度民间借贷对家庭是否购房的影响。

回归结果（见表7-7）显示，民间借贷确实会对家庭的住房决策产生影响，具体表现为：民间借贷对家庭是否购房、是否购买二套房的影响显著为正，表明民间借贷额提高会刺激家庭决定购买住房或者购买二套房，即提高了家庭购买首套房和购买二套房的可能性。这可能是由于如果家庭在购房时获得民间借贷，意味着家庭可供支配的资金提高，使得这部分家庭有能力承担购房价款，因此会提高家庭购买住房或购买二套房的可能性。

表7-7　　民间借贷对家庭购房决策的回归结果

被解释变量	（1）是否购买首套房	（1）是否购买二套房
回归方法	IV - probit	IV - probit
民间贷款额	0.034 * （1.982）	0.011 ** （2.391）
家庭收入	0.011 *** （4.779）	0.001 （0.247）
家庭资产	0.208 *** （12.122）	0.090 *** （12.704）

表7-7(续)

	（1）	（1）
金融资产价值	-0.044 *** (-4.573)	0.001 (0.174)
家庭人口数	0.012 (1.204)	0.019 ** (1.968)
年龄	0.006 (1.551)	0.002 (0.352)
年龄的平方	-0.000 (-1.277)	-0.000 (-0.305)
性别	0.041 ** (2.494)	0.021 (1.301)
是否退休	-0.036 (-1.167)	-0.071 ** (-2.085)
婚姻状况	0.035 * (1.807)	-0.067 *** (-2.954)
是否有公积金	0.022 (1.219)	-0.009 (-0.479)
风险偏好	-0.021 (-1.065)	0.039 * (1.755)
风险厌恶	0.023 (1.296)	-0.016 (-0.853)
高中到大专学历	-0.035 ** (-2.205)	0.021 (1.250)
大学及以上学历	-0.139 *** (-4.823)	0.022 (0.860)
中部地区	0.161 *** (6.182)	0.055 *** (2.852)
西部地区	0.167 *** (5.717)	0.044 ** (2.073)
样本量	2 753	2 463

对比来看，民间借贷额对家庭是否购房、是否购买二套房的边际效应分别为 0.034 和 0.011，意味着民间借贷对家庭购买首套房的影响更加突出。这可能是由于两方面的因素造成的：一方面，与住房投资相比，住房消费是基础，因此家庭对首套房需求更加迫切，因此，一旦获得民间借贷，家庭便会考虑购买住房，所以，对银行信贷的反应较为敏感；另一方面，与没有住房的家庭相比而言，拥有住房家庭的收入和资产等相对较高，因此没有房的家庭选择购买住房和拥有住房的家庭选择购买二套房相对比，民间借贷对前者的影响更加突出。

其他变量对家庭是否购房的影响主要表现出以下特征：家庭的收入水平越高，家庭拥有住房的可能性越高；家庭资产上升有助于提高家庭拥有住房的概率及购买二套房的可能性；金融资产价值越高，家庭拥有住房的可能性越低；户主为男性的家庭，其拥有住房的可能性较高；已婚家庭拥有住房的可能性较高，但是，已获得自有住房的家庭不倾向于购买二套房；和东部地区家庭相比，中西部地区家庭拥有住房的可能性较高，且拥有住房的家庭购买二套房的可能性较高。家庭人口数越多，家庭购买二套房的可能性越高；户主处于退休状态时，拥有自有住房的家庭购买二套房的可能性越低。

（2）稳健性检验

东部地区家庭和中西部地区家庭的回归结果（见表 7-8）再一次表明，民间借贷确实会对家庭是否购房产生影响。无论是东部地区还是中西部地区，民间借贷额上升会显著刺激家庭选择购买住房或者购买二套房，提高了家庭购房的可能性；并且民间借贷对家庭购买首套房的影响更加明显，证实了前文实证分析的稳健性。相对比来看，民间借贷对家庭购买首套房的影响在中西部地区表现得更加突出，对家庭购买二套房的影响在东部地区表现得略高些。

表7-8   民间借贷对家庭是否购房影响的子样本回归结果

被解释变量	东部地区		中西部地区	
	是否购买 首套房	是否购买 二套房	是否购买 首套房	是否购买 二套房
回归方法	IV-probit	IV-probit	IV-probit	IV-ols
民间贷款额	0.041*	0.015*	0.058*	0.011*
	(1.894)	(1.909)	(1.876)	(1.966)
样本量	1 543	1 396	1 210	1 067

（二）民间借贷对家庭住房价值的影响

对于仅拥有一套住房的家庭而言，住房是消费需求和投资需求的共同载体，很难区分家庭的消费性住房和投资性住房；对于二套房家庭而言，可以将其首套房视为家庭的消费性住房，二套房视为家庭的投资性住房。为了更加准确地测度民间借贷对家庭消费性住房和投资性住房的影响，这部分仅纳入拥有二套房的家庭。

以礼金支出作为工具变量，使用两阶段估计法测度民间借贷对家庭消费性住房和投资性住房的影响。

（1）实证结果及分析

回归结果（见表7-9）显示，民间借贷对家庭的消费性住房和投资性住房存在显著正向影响。具体的影响表现为：民间借贷有助于提高家庭的消费性住房和投资性住房；并且，民间融资额对家庭投资性住房的影响更加突出。

表7-9   民间借贷对家庭住房价值影响的回归结果

被解释变量	消费性住房	投资性住房
回归方法	IV-ols	IV-ols

表7-9(续)

被解释变量	消费性住房	投资性住房
民间贷款额	0.301 * (0.577)	0.341 * (0.776)
家庭收入	0.078 (1.495)	0.082 (1.219)
家庭资产	0.712 ** (2.141)	1.284 *** (3.003)
金融资产价值	0.248 (1.203)	0.331 (1.245)
家庭人口数	-0.066 (-0.363)	0.201 (0.863)
年龄	0.151 (1.355)	0.053 (0.375)
年龄的平方	-0.002 (-1.483)	-0.001 (-0.575)
性别	0.312 (0.617)	0.058 (0.089)
是否退休	0.489 (0.316)	1.187 (0.597)
婚姻状况	0.355 * (1.901)	-0.004 (-0.005)
是否有公积金	0.766 * (1.675)	0.021 (0.036)
风险偏好	0.449 (0.801)	-0.827 (-1.148)
风险厌恶	0.309 (0.698)	-0.172 (-0.303)
高中到大专学历	0.555 (1.012)	1.329 * (1.882)
大学及以上学历	0.808 (1.247)	1.915 ** (2.297)

表7-9(续)

被解释变量	消费性住房	投资性住房
中部地区	0.682 (1.527)	0.473 (0.823)
西部地区	0.462 (0.664)	1.595 * (1.780)
常数项	-6.205 (-0.883)	-14.259 (-1.578)
样本量	342	342

其他变量对消费性住房的影响表现为：家庭资产越高，消费性住房价值越高；已婚家庭的消费性住房较高；户主拥有住房公积金的家庭，消费性住房价值较高。其他变量对投资性住房的影响表现为：家庭资产越高，投资性住房价值越高；户主学历越高的家庭，投资性住房价值越高；和东部地区家庭相比，西部地区家庭的消费性住房价值较高。

（2）稳健性检验

东部地区家庭和中西部地区家庭的回归结果（见表7-10）表明，民间借贷对东部地区、中西部地区家庭的消费性住房和投资性住房普遍存在正向影响。具体的影响表现为：民间借贷额对东部地区家庭的消费性住房和投资性住房的影响系数分别为1.149和1.237，但是对投资性住房的影响不显著；对中西部地区家庭的消费性住房和投资性住房的影响系数分别为0.107和0.177，对消费性住房的影响不显著。这可能是由于二套房家庭观测值仅为342个，进一步划分为东部地区和中西部地区子样本后，样本量更加稀少，造成子样本回归系数与总体回归系数存在一定差异。总体来看，子样本回归结果基本证实了实证分析的稳健性。

表 7 - 10　民间借贷对家庭住房价值影响的子样本回归结果

被解释变量	东部地区		中西部地区	
	消费性住房	投资性住房	消费性住房	投资性住房
回归方法	IV - ols	IV - ols	IV - ols	IV - ols
民间借贷额	1. 149 *	1. 237	0. 107	0. 177 *
	(1. 980)	(0. 661)	(0. 700)	(1. 993)
样本量	219	219	123	123

7.3.3　外部融资对家庭住房选择影响对比

　　外部融资主要包括银行信贷和民间借贷两个方面。考虑到家庭申请银行信贷时可能会面临流动性约束情况，因此银行信贷对家庭住房选择的影响从两个角度入手分析，包括银行信贷额对家庭住房选择的影响和流动性约束对家庭住房选择的影响。民间借贷对家庭住房选择的影响主要从民间借贷额入手展开分析。

　　第五章银行信贷与家庭选择住房、第六章流动性约束与家庭住房选择、第七章民间借贷与家庭住房选择，这三章中的拥有一套房家庭占比、消费性住房价值和投资性住房价值以及家庭的特征变量和户主特征变量等都十分相近。样本数据虽然不完全相同，样本量也存在差异，但是数据特征均相似，因此，三章的实证分析结果具有一致性和可比性。

　　此处仅汇报全样本下银行信贷、流动性约束和民间借贷对家庭是否购房和住房价值的影响。（见表 7 - 11）

表 7 - 11   外部融资对家庭住房选择决策影响对比表

被解释变量	是否购买 首套房	是否购买 二套房	消费性 住房	投资性 住房
银行信贷额	0. 064 ***	0. 002 *	0. 280 *	0. 558 **
流动性约束	- 0. 045 ***	- 0. 007 ***	- 0. 771 **	- 1. 196 **
民间借贷额	0. 034 *	0. 011 **	0. 301 *	0. 341 *

　　银行信贷额、流动性约束和民间借贷额对家庭住房选择决策的影响存在较大差异。就影响方向来看，银行信贷额和民间借贷额上升会提高家庭购买住房的概率和住房价值；流动性约束增强会抑制家庭购买住房，降低家庭选择购买的住房价值。

　　银行信贷和民间借贷是家庭住房选择决策过程中两种重要的融资途径，会对家庭是否购房及住房价值发挥积极的推动作用，但是两种融资方式的影响程度也不相同。就是否购买住房来看，银行信贷额上升对家庭购买首套房的影响显著高于民间借贷，民间借贷额上升对家庭购买二套房的影响高于银行信贷额；就住房价值来看，银行信贷额上升对家庭投资性住房的促进作用显著高于民间借贷，民间借贷额上升对家庭消费性住房的影响高于银行信贷额。

7.4 本章小结

　　本章将从民间借贷入手，对我国城镇家庭的住房选择影响展开分析。家庭住房选择主要包括是否购房和住房价值两个方面。其中，是否购房由是否购买首套房和是否购买二套房两部分组成；住房价值主要包括家庭的消费性住房和投资性住房两个方面。民间借贷是指家庭在住房选择决策过程中从亲戚、朋友等处获得的民间借贷额。民间借贷额可能存在一定的内生性，为了克服内生性对估计结果的影响，本书将引入社会网络作为民间借贷额的工具变量，具体是使用礼金往来，即礼金支出和礼金收入之和作为社会网络的度量指标。

考虑到需要纳入工具变量克服内生性，实证分析将采用二阶段估计方法。具体而言，将建立 IV - probit 模型估计民间借贷对家庭是否购房的影响，建立 IV - OLS 模型估计民间借贷对住房价值的影响。通过实证分析，得出以下结论：

（一）民间借贷能够提高家庭购买住房的概率，且对家庭购买首套房的影响更大。

民间借贷额提高会刺激家庭决定购买住房或者购买二套房，即提高了家庭购买首套房和购买二套房的可能性。这可能是由于如果家庭在购房时获得民间借贷，意味着家庭可供支配的资金提高，使得这部分家庭有能力承担购房价款，因此会提高家庭购买住房或购买二套房的可能性。东部地区和中西部地区家庭的子样本回归结果证实了实证分析的稳健性。

相对比来看，民间借贷对家庭购买首套房的影响在中西部地区表现得更加突出，对家庭购买二套房的影响在东部地区表现得略高些。

其他变量对家庭是否购房的影响主要表现出以下特征：家庭的收入水平越高，家庭拥有住房的可能性越高；家庭资产上升有助于提高家庭拥有住房的概率及购买二套房的可能性；金融资产价值越高，家庭拥有住房的可能性越低；户主为男性的家庭，其拥有住房的可能性较高；已婚家庭拥有住房的可能性较高，但是，已获得自有住房的家庭不倾向于购买二套房；和东部地区家庭相比，中西部地区家庭拥有住房的可能性较高，且拥有住房的家庭购买二套房的可能性较高。家庭人口数越多，家庭购买二套房的可能性越高；户主处于退休状态时，拥有自有住房的家庭购买二套房的可能性越低。

（二）民间借贷能够刺激家庭选择购买价值较高的住房，且对投资性住房促进作用更强。

民间借贷有助于提高家庭的消费性住房和投资性住房；并且，民间融资额对家庭投资性住房的影响更加突出。东部地区和中西部地区的子样本回归结果表明实证分析结果是稳健的。

其他变量对消费性住房的影响表现为：家庭资产越高，消费性住房价值越高；已婚家庭的消费性住房较高；户主拥有住房公积金的家庭，消费性住房价值较高。其他变量对投资性住房的影响表现为：家庭资产越高，投资性住房价值越高；户主学历越高的家庭，投资性住房价值越高；和东部地区家庭相比，西部地区家庭的消费性住房价值较高。

（三）外部融资对家庭住房选择的影响存在差异。

银行信贷额和民间借贷额会提高家庭购买住房的可能性，刺激家庭选择购买价值较高的住房，流动性约束对其产生抑制作用。并且银行信贷和民间借贷的影响程度也存在差异。就是否购房来看，银行信贷额上升对家庭购买首套房的影响显著高于民间借贷，民间借贷额上升对家庭购买二套房的影响高于银行信贷额；就住房价值来看，银行信贷额上升对家庭投资性住房的促进作用显著高于民间借贷，民间借贷额上升对家庭消费性住房的影响高于银行信贷额。

研究结论、政策
建议与研究展望

8.1 研究结论

    1998 年起我国开始全面实施城镇住房市场化改革，1999 年起"取消城镇家庭的福利分房"政策的出台，"购房"成为城镇家庭消费的重要方面。"居者有其屋"是中国传统的住房概念，一般指的是居民的住房消费需求。然而，随着家庭金融知识不断充实、家庭财富不断上升，住房的投资属性不断凸显。城镇住房实现市场化后，城镇居民在取得房屋产权后，可以通过出租或者出售等方式获得租金收入或者购销差价收益。

    近些年住房价格飙升为家庭购房造成沉重负担。银行信贷日渐成为家庭购买住房过程中借助的外部融资途径之一。为了支持家庭购买自有住房，银行向个人提供信贷支持，即个人住房贷款。鉴于不同家庭的信贷需求存在差异，个人住房贷款的类型也是多样化，例如公积金贷款、商业性个人住房贷款和组合贷款等。然而，家庭在向银行申请住房贷款时，存在一定的门槛。银行倾向于为经济收入稳定、信用状况良好且有明显的偿还贷款本息的家庭提供贷款，同时，银行提供贷款时要求借款人提供贷款担保。在此情况下，部分城镇家庭虽有信贷需求，但是没有获得信贷供给，即面临流动性约束情况。

    家庭购买住房时的另一个重要的外部融资途径是民间借贷。民间借贷是指家庭向父母、子女、兄弟姐妹、其他亲属、朋友或同事等其他途径融资的方式。作为非正规金融的表现形式之一，民间借贷具有手续简单、门槛较低、风险较大等特点。在城镇家庭购买住房过程中，民间借贷发挥着重要的作用。

    就实际情况来看，我国城镇家庭的住房持有情况存在较大差

异。《中国家庭金融调查报告·2012》显示，城镇家庭中 11.88%
的家庭没有自有住房，69.05% 的家庭仅持有一套住房，15.44%
的家庭拥有两套住房，3.63% 的家庭持有的住房数量达到三套甚
至更多。

鉴于上述研究背景，本书将就外部融资对家庭住房选择的
影响展开分析。首先，从银行信贷入手，分析其对家庭住房选
择的影响。银行信贷对家庭住房选择的影响可以从两个角度进
行分析：一方面，家庭获得的银行信贷额能够缓解家庭的预算
约束；另一方面，部分家庭寻求银行信贷支持时普遍存在面临
流动性约束。因此，本书分别对银行信贷额和流动性约束对家
庭住房选择的影响展开分析。另外，民间借贷对家庭住房选择
的影响则主要针对民间借贷额对家庭住房选择的影响展开。

为了更直观地了解我国城镇家庭的住房现状，本书基于中
国家庭金融调查的微观数据通过描述性统计方式对我国城镇样
本家庭的租赁住房情况、自有住房情况以及家庭在购买或建造
住房时的融资渠道和融资规模进行描述性统计，并与农村样本
家庭进行对比分析。我国住房现状总体表现出以下特征：

（一）城镇家庭的自有住房拥有率较低，但户均住房拥有数
量较高。

受访的 3 996 户城镇家庭中有 3 412 户家庭拥有自有住房，
城镇地区的自有住房拥有率为 85.39%；相对比而言，受访的
4 441 户农村家庭中 4 112 户家庭拥有自有住房，自有住房拥有
率达到 92.60%，表明城镇家庭的自有住房拥有率低于农村地区
家庭。中国城镇有房家庭户均拥有的住房平均为 1.22 套，已经
超过一套；相对比来看，农村有房家庭户均拥有的住房数量为
1.15 套，意味着城镇家庭户均住房拥有数量高于农村地区家庭。
另外，城镇地区拥有自有住房家庭的人均使用面积低于农村地
区；城镇家庭获得自有住房的主要方式为购买商品房，农村家

庭的住房获得方式则主要以自建或扩建方式为主；就住房产权获得方式而言，城镇家庭和农村家庭均以全部产权房为主；城市家庭的住房购置价明显高于农村家庭，并且城镇家庭的住房收益率明显高于农村家庭。

（二）银行信贷和民间借贷是家庭住房选择时重要的外部融资途径。

家庭在购买或建造住房时的住房融资特征主要表现为：第一，银行贷款和民间借贷是家庭购房或建造住房等进行外部融资的重要方式，并且城镇家庭更倾向于选择银行贷款方式而农村家庭更偏好于民间借贷方式；第二，对于城镇家庭和农村家庭而言，总体上通过银行贷款融资的规模要大于民间借贷规模；第三，就家庭的负债结构来看，家庭的购房压力较大，对银行贷款的依赖程度较高。

购买和建造住房时融资家庭的还款情况特征为：第一，总体来看，银行贷款负债总额的还款规模高于民间借贷规模；第二，无论对城镇家庭还是农村家庭而言，引起家庭改变银行贷款还款方式的均是收入因素；第三，就改变银行贷款偿还计划情况来看，大多数家庭还是按照银行贷款合同按期偿还贷款，其中，城镇家庭主要表现为提前偿还贷款，而农村家庭中8%左右的家庭会选择延期还款。

（三）城镇地区和农村地区租赁住房家庭的住房情况也存在差异。

第一，和拥有自有住房的家庭相比，租赁住房家庭的人均使用面积相对较小；第二，城镇租赁住房家庭的住房消费需求大于农村家庭；第三，农村家庭中过半数租赁住房家庭的生活环境较为拥挤；第四，住房租金由多个部分的成本构成，城镇地区租赁住房的月租金明显高于农村地区。

通过理论分析与模型构建，本书得出以下结论：家庭对住房消费的不同偏好导致了家庭对住房消费量的不同选择；家庭住房消费需求与住房投资需求的差异性是造成城镇家庭居民做出不同住房选择决策的主要原因；外部融资与流动性约束也是影响家庭住房选择决策的重要因素的结论。

实证分析主要研究外部融资对家庭住房选择的影响效果。银行信贷和民间借贷是家庭住房选择时两种重要的外部融资方式。其中，银行信贷对家庭住房选择的影响可以从两个角度分析：一方面，家庭获得的银行信贷额能够缓解家庭的预算约束；另一方面，部分家庭寻求银行信贷支持时普遍存在面临流动性约束。因此，本书分别对银行信贷额和流动性约束对家庭住房选择的影响展开分析。另外，民间借贷对家庭住房选择的影响则主要针对民间借贷额对家庭住房选择的影响展开。基于此，本书的实证分析从三个方面展开：

首先，从银行信贷额入手，对我国城镇家庭的住房选择影响展开分析。家庭住房决策主要包括是否购房和住房价值两个方面；为了克服内生性对实证分析的影响，本书将引入金融可得性作为银行信贷额的工具变量。其次，从流动性约束入手，研究流动性约束对家庭住房选择的影响。最后，从民间借贷入手，对我国城镇家庭的住房选择展开分析；为了克服内生性对实证分析的影响，本书将引入社会网络作为民间借贷的工具变量。基于以上实证分析，本书得到如下研究结论：

（一）银行信贷额对家庭住房选择具有积极影响。

首先，银行信贷能提高家庭购买住房的概率，且对购买套房的影响更大。

银行信贷确实会对家庭购买住房产生影响。具体表现为：银行贷款额上升会提高家庭拥有住房和拥有二套房的可能性。这主要是由于如果家庭在购房时能够获得银行贷款，意味着家庭可供支配的资金提高，使得这部分家庭有能力承担购房价款，因此会提高家庭购买住房或购买二套房的可能性。

银行信贷对家庭购买首套房的影响更加突出。这可能是由于两方面的因素造成的：一方面，与住房投资相比，住房消费是基础，因此家庭对首套房需求更加迫切，因此，一旦获得银行信贷，家庭便会考虑购买住房，所以，对银行信贷的反应较为敏感；另一方面，与没有住房的家庭而言，拥有住房家庭的收入和资产等相对较高，因此没有房的家庭选择购买住房和拥有住房的家庭选择购买二套房相对比，银行信贷对前者的影响更加突出。

无论是东部地区还是中西部地区，银行信贷额上升会显著提高家庭购买住房或者购买二套房的可能性，并且银行信贷对家庭购买首套房的影响更加明显，证实了前文实证分析的稳健性。

其次，银行信贷会刺激家庭购买价值较高的住房，且对投资性住房影响更突出。获得银行信贷有助于提高家庭的消费性住房和投资性住房，且对投资性住房的影响更加突出。相对比来看，银行信贷对家庭消费性住房的影响在中西部地区表现得更加突出，对投资性住房的影响主要体现在东部地区家庭中。由于二套房家庭观测值样本量较少，造成子样本回归系数与总体回归系数存在一定差异。

（二）流动性约束对家庭住房选择产生阻碍作用。

一方面，流动性约束会降低家庭购买住房的概率，并且对家庭购买首套房的影响更强。

面临的流动性约束程度越高，家庭拥有住房的可能性越低，购买二套房的可能性越低。这主要是由于家庭在购买首套房及购买二套房时，如果家庭存在银行贷款需求但是无法获得银行贷款支持，则该家庭面临流动性约束，由于无力支付购房价款，因此部分家庭可能会放弃买房或者购买二套房。相对来看，流动性约束在家庭购买首套房时的阻碍作用更强。东部地区家庭和中西部地区家庭的回归结果证实了实证分析的稳健性。相对比而言，流动性约束对东部地区家庭选择购买住房的影响更大些。这可能是由于东部地区的房价相对较高，家庭的购房负担更重，因此一旦那些存在银行信贷需求的家庭无法获得银行信贷支持便会放弃买房或者购买二套房。

　　另一方面，流动性约束会导致家庭购买价值较低的住房，且对投资性住房的影响更明显。流动性约束加重会降低家庭的消费性住房和投资性住房，且对投资性住房的影响更加突出。东部地区和中西部地区的子样本回归结果显示流动性约束会降低家庭的消费性住房和投资性住房，且对投资性住房影响更加明显。遗憾的是子样本回归系数不显著，这可能是由于二套房家庭观测值仅为 343 个，进一步划分为东部地区和中西部地区子样本后，样本量更加稀少，造成子样本回归系数与总体回归系数不完全一致。

　　（三）民间借贷能够促进家庭住房选择决策的实现。

　　一方面，民间借贷能够提高家庭购买住房的概率，且对家庭购买首套房的影响更大。民间借贷额提高会刺激家庭决定购买住房或者购买二套房，即提高了家庭购买首套房和购买二套房的可能性。相对比来看，民间借贷对家庭购买首套房的影响在中西部地区表现得更加突出，对家庭购买二套房的影响在东部地区表现得略高些。

　　另一方面，民间借贷能够刺激家庭选择购买价值较高的住房，且对投资性住房促进作用更强。民间借贷有助于提高家庭的消费性住房和投资性住房；并且，民间融资额对家庭投资性住房的影响更加突出。东部地区和中西部地区的子样本回归结果表明实证分析结果是稳健的。

（四）外部融资对家庭住房选择的影响存在差异。

银行信贷额和民间借贷额会提高家庭购买住房的可能性，刺激家庭选择购买价值较高的住房，流动性约束对其产生抑制作用。并且银行信贷和民间借贷的影响程度也存在差异。就是否购房来看，银行信贷额上升对家庭购买首套房的影响显著高于民间借贷额，民间借贷额上升对家庭购买二套房的影响高于银行信贷额；就住房价值来看，银行信贷额上升对家庭投资性住房的促进作用显著高于民间借贷额，民间借贷额上升对家庭消费性住房的影响高于银行信贷额。

8.2　政策建议

本书以我国城镇家庭为研究对象，基于 2012 年中国家庭金融调查数据，对我国城镇家庭的住房现状进行描述性统计分析，通过理论分析与模型构建对住房选择问题展开理论阐述，并就外部融资对家庭住房选择的影响开展实证分析。基于前面的理论阐述和实证分析结论，本书的政策建议主要有以下三方面。

（一）合理引导家庭的住房消费需求和住房投资需求。

住房具有双重属性：一方面可以视为家庭的消费品，为居民提供居住服务，满足家庭的消费需求；另一方面可以看作是家庭的投资品，为居民提供增值机会，满足家庭的投资需求。结合我国住房现状，近年来我国住房价格飙升，并且关于"蜗居"及"房姐""房叔"的报道屡见不鲜。一部分家庭因没有能力购房导致住房消费需求难以满足，另一部分家庭却出于住房投资需求持有多套住房，使得住房市场出现严重失衡。

制定合理有效的政策引导家庭的住房消费需求和住房投资

需求显得十分必要，这有助于家庭理性地进行住房选择决策。《不动产登记条例》的出台有利于房产税的征收，这可以在一定程度上抑制家庭过度的住房投资，将住房配置给存在住房消费需求但是没有自有住房的家庭。

（二）完善外部融资渠道，满足家庭的基本住房居住需求。

第五章银行信贷额与住房选择、第七章民间借贷与住房选择对家庭住房影响的实证分析结论显示，银行信贷额和民间借贷额的提高对家庭的住房选择决策具有积极的推动作用；第六章流动性约束与家庭住房选择的实证分析结果表明，家庭在借助银行信贷进行住房决策时普遍存在流动性约束，抑制了家庭的住房选择。并且外部融资在家庭首套房决策中的影响更加突出，即严重影响家庭住房消费需求的实现。

作为家庭自身而言，购买住房时应当积极申请银行信贷支持；如果没有获得银行信贷供给，可以尝试向亲戚朋友等民间借贷方式筹措资金购买住房，特别是购买首套房，并在购房后及时归还贷款或借款。同时，银行及非银行金融机构可以不断更新金融产品，以期满足不同家庭的信贷需求。

（三）拓宽家庭投资渠道，引导家庭合理投资。

近些年，我国金融市场日趋完善，但是仍然无法满足所有家庭的投资需求。由于金融知识限制，部分家庭较难进入股票市场等金融市场，于是住房成为这些家庭的投资选择。

鼓励家庭学习金融知识，了解金融产品，拓宽投资渠道，这能够将家庭的闲置资金吸收到金融市场中，一方面可以满足资金需求者的融资需求，另一方面可以减少投资或投机资金流向住房市场。同时，也应当使家庭充分意识到投资中的风险因素，引导家庭合理投资。

8.3 研究展望

鉴于笔者目前在知识、精力以及资源方面的局限性，本书未能对家庭的住房情况进行全面分析，未来笔者将从以下几个方面进行拓展和完善：

（1）本书主要考察银行信贷和民间借贷两种外部融资方式及银行信贷中普遍存在的流动性约束对家庭是否拥有住房以及购房价值的影响效果；那么，当这些因素发生变化后，我国城镇家庭的住房决策会出现怎样的变化呢？例如，国家制定政策干预家庭的住房投资需求、住房消费需求，银行放宽对家庭的贷款限制等。笔者下一步将通过数值模拟的方式，考虑这些核心解释变量在国家政策影响下发生调整后，我国城镇家庭的住房决策情况。

（2）从家庭的资产配置来看，涉及融资和投资两个方面。本书主要是从融资角度对家庭的住房决策行为进行分析，考察银行信贷和民间借贷两种外部融资方式及银行信贷中普遍存在的流动性约束对家庭是否拥有住房以及购房价值的影响效果，但是并没有从投资角度进行分析。金融资产和住房资产是家庭资产配置的两个重要部分；其中金融资产的流动性相对较高，住房资产则具有耐用性特征，流动性相对较弱，那么家庭金融资产投资对住房资产决策具有怎样的影响呢？另外，家庭金融资产包括很多方面，例如风险性较低的储蓄存款、风险性较高的股票投资等，那么不同风险程度的金融资产对家庭住房资产决策、住房资产配置的影响如何？这也是笔者下一步要研究的方向。

参考文献

[1] 巴曙松，黎友焕，国世平. 民间借贷疯狂背后的金融体制确实 [N]. 证券时报，2011 - 10 - 20.

[2] 蔡晓钰，陈忠，蔡晓东. 房地产投资的相机策略及其可达性：一个最优停时分析框架 [J]. 数量经济技术经济研究，2005，32（3）：88 - 96.

[3] 蔡晓钰，陈忠，蔡晓东，刘志刚. 租赁还是购置——个人住房投资的时机选择问题 [J]. 系统工程学报，2006（6）：280 - 286.

[4] 蔡晓钰，韩丽川，吴圣佳. 个人房地产购置时机选择的最优停时分析 [J]. 系统工程. 2005（1）：28 - 31.

[5] 曹振良，王重润. 住房抵押贷款中的提前偿还风险分析 [J]. 中国房地产，2002（7）：51 - 53.

[6] 程飞. 浅析住房抵押贷款的风险控制 [J]. 金融理论与实践，2001（2）：34 - 35.

[7] 陈国鹏. 建行大连分行个人住房贷款风险管理研究

[D]. 大连：大连理工大学，2013

[8] 陈强. 高级计量经济学及 Stata 应用 [M]. 北京：高等教育出版社，2010.

[9] 陈钊. 我国居民住房需求的特征及其政策含义 [J]. 消费经济，1998 (2)：54 - 56.

[10] 崔百胜. 非正规金融与正规金融互补还是替代？——基于 DSGE 模型的相互作用机制研究 [J]. 财经研究，2012 (7)：121 - 132.

[11] 习怀宏. 民营经济、民间金融与经济增长研究 [J]. 理论与改革，2004 (2)：87 - 91.

[12] 多恩·布什，费希尔，斯塔兹. 宏观经济学 [M]. 北京：中国财政经济出版社，2003.

[13] 甘犁，等. 中国家庭金融调查报告——2012 [M]. 成都：西南财经出版社，2012.

[14] 高帆. 我国农村中的需求型金融抑制及其解除 [EB/OL]. 2003 - 01 - 20. 中国"三农"信息网. http：//www. sannong. gov. cn.

[15] 郭沛. 农村非正规金融：内涵、利率、效率与规模 [A]. 中国农村金融改革学术研讨会论文集，2003.

[16] 郭为. 民间金融、金融市场分割与经济增长 [J]. 现代经济探讨，2004 (5)：49 - 52.

[17] 何田. "地下经济"与管制效率：民间信用合法性问题实证研究 [J]. 金融研究，2002 (11)：100 - 107.

[18] 胡德官，陈时兴. 我国民间金融研究：文献综述与评论 [J]. 资料通讯，2005 (1)：32 - 37.

[19] 何军，宁漫秀，史清华. 农户民间借贷需求及影响因素实证研究—基于江苏省 390 户农户调查数据分析 [J]. 南京农业大学学报：社会科学版，2005 (4)：20 - 24.

[20] 何绿野. 国有企业"三角债"的症结与治理 [J]. 经济纵横, 1996 (10): 11 - 15

[21] 黄辉, 符瑞武, 陈太玉. 引导民间借贷规范发展的思考 [J]. 海南金融, 2010 (4): 33 - 35.

[22] 黄月冬, 赵静芳. 当前民间借贷的特点、风险及对策 [J]. 金融发展研究, 2008 (3): 41 - 42.

[23] 江曙霞, 秦国楼. 信贷配给理论与民间金融中的利率 [J]. 农村金融研究, 2000 (7): 4 - 6.

[24] 蒋达强. 上海城镇住房消费需求实证性分析 [J]. 软科学, 2001 (6): 37 - 41.

[25] 金烨, 李宏彬. 非正规金融与农户借贷行为 [J]. 金融研究, 2009 (4): 63 - 79.

[26] 金晓彤, 杨晓东. 中国城镇居民消费行为变异的四个假说及其理论分析 [J]. 管理世界, 2004 (11): 5 - 14.

[27] 金烨, 李宏彬. 非正规金融与农户借贷行为 [J]. 金融研究, 2009 (4): 63 - 79

[28] 李彪, 谢赤. 住房按揭贷款违约风险及其防范机制 [J]. 社会科学家, 2005 (6): 65 - 67.

[29] 李恩平. 利率参照与储蓄的动员、分配——一个两经济部门、二元金融市场的分析框架 [J]. 金融研究, 2002 (3): 46 - 56.

[30] 李宏瑾. 房地产市场、银行信贷与经济增长—基于面板数据的经验研究 [J]. 国际金融研究, 2005 (7): 30 - 36

[31] 李建军. 中国货币状况指数与未观测货币金融状况指数——理论设计、实证方法与货币政策意义 [J]. 金融研究, 2008 (11): 56 - 75.

[32] 李进翠, 张天娇. 新形势下的农村民间借贷行为浅析 [J]. 新财经: 理论版, 2011 (3): 75.

参考文献

[33] 林乐芬，林彬乐. 农村金融制度变迁时期的非正规金融探析 [J]. 现代经济探讨，2002（8）：47-50.

[34] 林毅夫，孙希芳. 信息、非正规金融与中小企业融资 [Z]. 北京大学中国经济研究中心讨论稿，2003（9）.

[35] 刘春红，刘可新，吴晨. 上海市个人住房抵押贷款违约因素实证分析 [J]. 上海金融，2000，7（1）：8-10.

[36] 刘民权，徐忠，俞建拖. 信贷市场中的非正规金融 [J]. 世界经济，2003（7）：61-62.

[37] 龙学锋，陈国珍，王冰，肖延庆. 居民家庭住房投资与消费、收入利率建模分析研究 [J]. 中国传媒大学学报：自然科学版，2008（12）：57-60.

[38] 卢亚娟，张龙耀，许玉韫. 金融可得性与农村家庭创业—基于 CHARLS 数据的实证研究 [J]. 经济理论与经济管理，2014（10）：89-99.

[39] 马光荣，杨恩艳. 社会网络、非正规金融与创业 [J]. 经济研究，2011（3）：83-94.

[40] 马忠富. 中国农村合作金融发展研究 [M]. 北京：中国金融出版社，2001.

[41] 彭恒文. 金融可得性与城乡收入差距的相关性研究 [J]. 金融纵横，2014（9）：54-60.

[42] 任森春. 非正规金融的研究与思考 [J]. 金融理论与实践，2004（9）：9-12.

[43] 任旭华，周好文. 中国民间金融的诱致性制度变迁 [J]. 华南金融研究，2003（3）：24-26.

[44] 史晋川. 市场深化中民间金融业的兴起——以浙江路桥城市信用社为例 [J]. 经济研究，1997（12）：46-51.

[45] 宋宏谋. 中国农村金融发展问题研究 [M]. 太原：山西经济出版社，2003.

［46］苏士儒，段成东，李文靖，姚景超. 农村非正规金融发展与金融体系建设［J］. 金融研究，2006（5）：167－180.

［47］谈儒勇. 非正式金融批判的批判［J］. 甘肃社会科学，2001（1）：42－43.

［48］王福林，贾生华. 个人住房抵押贷款提前还款风险及其管理探析［J］. 价格理论与实践，2003（4）：44－45.

［49］王金明，高铁梅. 对我国房地产市场需求和供给函数的动态分析［J］. 中国软科学，2004（4）：69－74.

［50］王晓毅. 农村工业化过程中的农村民间金融——温州市苍南县钱库镇调查［Z］. 2003－05－03. 中国农村研究网.

［51］温铁军. 农户信用与民间借贷研究——课题主报告［EB/OL］. 2001. 中国经济信息网. http：// forum50. cei. gov. cn.

［52］徐平安，侯剑平，薛强. 基于模型的个人住房贷款信用风险实证研究：以陕西省建设银行数据为例［J］. 金融理论与实践，2010（11）：52－56.

［53］徐淑一，王宁宁，王美今. 基于持续期数据的我国住房抵押贷款违约和提前还款风险分析［J］. 南方经济，2009（6）：34－42.

［54］徐运保，刘名武. 基于投资消费模型的购房者行为分析［J］. 经济问题，2009（5）：56－60.

［55］杨汝岱，陈斌开，朱诗娥. 基于社会网络视角的农户民间借贷行为研究［J］. 经济研究，2011（11）：116－129.

［56］杨星，麦元勋. 个人住房贷款信用风险管理实证研究——Merton模型在信用评估中的应用［J］. 南方金融，2003（3）：20－23.

［57］叶敬忠，朱炎洁，杨洪萍. 社会学视角的农户金融需求与农村金融供给［J］，中国农村经济，2004（8）：31－43.

160

外
部
融
资
与
家
庭
住
房
选
择
研
究

[58] 易秋霖，郭慧. 非正式金融探析 [J]. 金融理论与实践，2003（3）：3-5.

[59] 于瑞华，余红. 论农村民间借贷的成因与管理 [J]. 农村经济，2006（7）：60-61.

[60] 张大泽. 租房还是买房的最优时机选择探讨 [J]. 湖北工业大学学报，2007（10）：81-83.

[61] 张建华，卓凯. 非正规金融、制度变迁与经济增长 [J]. 改革，2004（3）：36-41.

[62] 张建军，袁仲红，林平（中国人民银行广州分行课题组）. 从民间借贷到民营金融：产业组织与交易规则 [J]. 金融研究，2002（10）：101-110.

[63] 张杰. 中国农村金融制度：结构、变迁与政策 [M]. 北京：中国人民大学出版社，2003.

[64] 张宁. 试论非正式金融 [J]. 当代财经，2002（11）：34-39.

[65] 张庆亮. 体制转轨中的中国民有金融研究 [M]. 北京：经济科学出版社，2003.

[66] 张胜林，李英民，王银光. 交易成本与自发激励：对传统农业区民间借贷的调查 [J]. 金融研究，2002（2）：125-134.

[67] 张友俊，文良旭. 交易、契约机制与自律：合水县民间借贷个案研究 [J]. 金融研究，2002（4）：125-131.

[68] 赵泉民. 农村民间借贷兴盛的内蕴、效应及对策 [J]. 农村经济问题（月刊），2003（10）：59-62.

[69] 赵世新，张耀谋，李力，郑才林. 我国当前民间借贷成因、问题与对策 [J]. 区域金融研究，2009（5）：33-36.

[70] 郑思齐. 住房需求的微观经济分析 [M]. 北京：中国建筑工业出版社，2007：23-157.

［71］郑思齐，刘洪玉. 从住房自有化率剖析住房消费的两种方式［J］. 经济与管理研究，2004（4）：28 - 31.

［72］郑思齐，王寅啸. 房价上涨预期对住房需求的放大效应研究［J］. 中国物价，2007（6）：52 - 55.

［73］周京奎. 房地产价格波动与投机行为——对中国 14 城市的实证研究［J］. 当代经济科学，2005（7）：19 - 24.

［74］左柏云. 民间金融问题研究［J］. 金融理论与实践，2001（5）：21 - 23.

［75］左臣明，马九杰. 正规金融与非正规金融关系研究综述——增加农村金融供给的一个制度视角［J］. 河南金融管理干部学院学报，2005（6）：46 - 49.

［76］Anders Isaksson. The important of informal finance in Kenyan manufacturing the United Nations Industrial Development Organization working［EB/OL］. 2002. www. unido. org.

［77］Barakova, I. , Bostic, R. W. , Calem, P. S. , Wachter, S. M. Does Credit Quality Matter for Home Ownership?［J］. Journal of Housing Economics. 2003（12）：318 - 336.

［78］Bernanke, Ben S. Permanent Income, Liquidity and Expenditure on Automobiles: Evidence from Panel Data［J］. Quarterly Journal of Economics, 1984, 99（8）：587 - 614.

［79］Besley, T. Coate, S. Group Lending, Repayment Incentives and Social Collateral［R］. RPDS Discussion Paper. Woodrow Wilson School, Princeton University, Princeton, N. J. Processed.

［80］Brueckner, J. Consumption, Investment Motives and the Portfolio Choices of Homeowners［J］. Journal of Real Estate Finance and Economics, 1997, 15：159 - 180.

［81］Chandavarkar A. G. The Non - Institutional Financial

Sector in Developing Countries: Macroeconomic Implications for Savings Policies [J]. Savings and Development, 1985 (2).

[82] Deat on, A. Saving and Liquidity Constraints [J]. Econometrica, 1991, 59 (5): 21 −48.

[83] Deng, Y. , Quigley, J. M. , Van Order, R. Mortgage Default and Low Downpayment Loans: The Costs of Public Subsidy [J]. Regional Science and Urban Economics, 1996, 26 (3 −4): 263 −285.

[84] Diagne, A. Determinants of Household Access to and Participation in Formal and Informal Credit Markets in Malawi [R]. //IFPRI. Food Consumption and Nutrition Division. FCND Discussion paper, 1999, 7.

[85] Fallis G. Housing Tenure in A Model of Consumer Choice: A Simple Diagrammatic Analysis [J]. AREUEA Journal, 1983, 11 (1): 30 −42.

[86] Foster, C. , R. Van Order. FHA Terminations: A Prelude to Rational Mortgage Pricing [J]. AREUEA Journal, 1985, 13 (3): 273 −291.

[87] Fu Y. M. Uncertainty, Liquidity and Housing Choices [J]. Regional Science and Urban Economics, 1995, 25 (6): 223 −236.

[88] Gau, G. W. A Taxonomic Model for the Risk − Rating of Residential Mortgages [J]. Journal of Business, 1978, 51 (4): 687 −706.

[89] Gary P. , Lee K. O. Housing Tenure Transitions of Older Households: Life Cycle, Demographic And Familial Factors [J]. Regional Science and Urban Economics, 2009, 39 (6): 749 − 760.

[90] Gillingham R. , Hagemann R. Cross — Sectional Estimation of a Simultaneous Model of Tenure Choice and Housing Services Demand [J]. Journal of Urban Economics, 1983, 14: 16 – 39.

[91] Goodman A. C. Estimating Equilibrium Housing Demand for "Stayers" [J]. Journal of Urban Economics, 2002, 51: 1 – 24.

[92] Hanke, S. H. , A . A. Walter. Financial and Capital Market's in Developing Countries [M]. //S. Hanke, A. A. Walterseds. Capital Markets and Development. San Francisco, C A: ICS Press, 1991.

[93] Haurin D. R. , Eui – Chul Chang. The Demand for Owner—Occupied Housing: Implications from Intertemporal Analysis [J]. Journal of Housing Economics, 1998, 7: 49 – 68.

[94] Hayashi. The Permanent Income Hypothesis and Consumption Durability: Analysis Based on Japanese Panel Data [J]. Quarterly Journal of Economics, 1985, 11: 1083 – 1113.

[95] Henderson J. V. , Ionnaides Y. M. A Model of Housing Tenure Choice [J]. American Economic Review, 1983, 73 (3): 98 – 113.

[96] Hoff, K. , J. E. Stiglitz. Introduction: Imperfect Information and Rural Credit Marets: Puzzles and Policy Perspectives [J]. World Band Econnomic Review, 1990, 4 (3): 235 – 250.

[97] Ionnaides Y. M. , Stuart S. R. Estimating the Consumption and Investment Demands for Housing and Their Effect on Housing Tenure Status [J]. Review of Economics and Statistics, 1994, 76 (2): 127 – 141.

[98] Javier A. Barrios G. , José E. R. H. Housing Demand in Spain According to Dwelling type: Microeconometric Evidence [J]. Regional Science and Urban Economics, 2008, 38 (7):

参考文献

363 - 377.

[99] Jung, A. F. Terms on Conventional Mortgage Loans on Existing Houses [J]. Journal of Finance, 1962, 17 (3): 432 - 443.

[100] Kellee Tsai. Beyond Banks: The Local Logic of Informal Financial and Private Sector Development in China [D]. New Hampshire: Dartmouth College, 1999: 99 - 101.

[101] Linneman, P. , Wachter, S. The impacts of borrowing constraints on Homeownership [J]. Journal of the American Real Estate and Urban Economics Association, 1989, 17 (4): 389 -402.

[102] Maisel S. J. A Theory of Fluctuations in Residential Construction Starts [J]. American Economic Review, 1963, 53 (6): 359 - 383.

[103] Matias F. , Fidel G. Housing Demand in Mexico [J]. Journal of Housing Economics, 2009, 18 (3): 1 - 12.

[104] Mishkin, Frederic S. Illiquidity, Consumer Durable Expenditure and Monetary Policy [J]. American Economic Review, 1976, 66 (9): 642 -654.

[105] Quercia, Roberto G. , Michael A Stegman. Residential Mortgage Default: A Review of the Literature [J]. Journal of Housing Research, 1992, 3 (2): 341 -370.

[106] Rosen S. Hedonic Prices and Implicit Market: Product Differentiation in Pure Competition [J]. Journal of Political Economic, 1974, 82: 34 -55.

[107] Rosenthal, S. S. Eliminating Credit Barriers: How Far Can We Go? [J] //Retsinas, N. P. , Belsky, E. S. Low - Income Homeownership, 2002: 111 - 145.

[108] Rothenberg, J. , Galster, G. C. , Butler, R. V. ,

Pitkin, J. The Maze of Urban Housing Markets [M]. Chicago: The University of Chicago Press, 1991: 77 - 98.

[109] Stiglitz, J. E. , A. Weiss. Credit Rationing in Markets with Imperfect Information, Merican Economic Review [R]. World Bank, 2000.

[110] Von Furstenberg, George M. Default Risk on FHA - Insured Home Mortgages as a Function of the Terms of Financing: A Quantitative Analysis [J]. Journal of Finance, 1969, 24 (3): 459 - 477.

[111] William F. Steel, et al. Informal Financial Markets under Liberalization in Four African Countries [J]. World Development: Abstract, 1997, 25 (5).

[112] Yu H. J. , Lee S. Government Housing Policies and Housing Market Instability in Korea [J]. Habitat International. , 2010, 34 (2): 145 - 153.

[113] Zeldes, S. Consumption and Liquidity Constraints: An Empirical Investigation [J]. Journal of Political Economy, 1989, 97 (2): 305 - 346.

参考文献